D1750505

USA
DER OSTEN

EINE FASZINIERENDE REISE DURCH
DIE »ATLANTIC STATES«

USA – DER OSTEN

USA – DER OSTEN

USA – DER OSTEN

USA – DER OSTEN

USA – DER OSTEN

USA – DER OSTEN

USA – DER OSTEN

USA – DER OSTEN

ZU DIESEM BUCH

Die Wiege der amerikanischen Demokratie steht an der US-amerikanischen Ostküste: In Städten wie Washington, D.C., Boston und Philadelphia erinnert eine Vielzahl von Gebäuden und Monumenten an die 13 Kolonien der Gründerzeit und den Unabhängigkeitskrieg gegen die königstreuen Engländer. In »Living History«-Museen wie »Colonial Williamsburg« bleibt diese aufregende Zeit mit Darstellern in historischen Kostümen lebendig. An die entbehrungsreichen Jahre des Bürgerkriegs zwischen den Nord- und Südstaaten erinnern Schlachtfelder wie Gettysburg und Antietam. Eine Reise durch den amerikanischen Osten gleicht einer aufregenden Zeitreise durch die Geschichte und zeigt ein vielfältiges Bild eines großen Landes. Den besonderen Reiz des US-amerikanischen Ostens machen seine Gegensätze aus: In New York wachsen die Häuser quasi in den Him-

ZU DIESEM BUCH

mel, in Miami öffnet sich das Tor nach Südamerika, die Highways an der Ostküste bilden ein verwirrendes Labyrinth aus asphaltierten Straßen. Doch abseits der pulsierenden Metropolen warten die wildromantische Küste von Neuengland, die anmutigen Täler der Smoky Mountains, die weiten Sandstrände in den Carolinas und an der Alabama-Küste sowie der Everglades National Park: das ausgedehnte Vogelparadies in den Sümpfen von Florida. Die Florida Keys vermitteln ein karibisches Flair, und im ländlichen Süden von Georgia ist auch die glorreiche Zeit à la »Vom Winde verweht« bis heute lebendig. Und die Appalachen, die sich quer durch alle Ostküstenstaaten ziehen, fordern Wanderern einiges ab. Vom »First State« zum »Sunshine State«, von den Hafenanlagen Bostons zu Sloppy Joe's Bar in Key West – die Vielfalt an Amerikas Ostküste kennt keine Grenzen.

Der Ocean Drive in Miami Beach ist für seine Art-déco-Gebäude bekannt – und für sein unvergleichliches Flair als Laufsteg für die Schönen und Reichen. Bars und Restaurants säumen die Flaniermeile, an der gern die Nacht zum Tag gemacht wird.

INHALT

Oben: Lichte Fichten- und Birkenwälder, blaue Lupinen, tiefgrüne Farne und Wildblumen bedecken Mount Desert Island im Acadia National Park.

Bilder auf den vorherigen Seiten:

S. 2/3: Walter P. Chrysler hatte die Vision von einem Gebäude in New York, das die Wolken nicht nur »kratzen«, sondern sie regelrecht durchstoßen konnte.

S. 4/5: Der kleine Ort Peacham in Vermont ist mit seiner weißen Holzkirche ein typisches Beispiel für die Idylle der Neuenglandstaaten.

S. 6/7: Das kleine Cape Neddick Lighthouse steht auf Nubble Island vor der Küste von Maine.

S. 8/9: Der Rosalöffler liebt warme und sonnige Feuchtgebiete und findet in Florida seine Rückzugsorte.

NEW ENGLAND	**16**
Acadia National Park	18
Coast of Maine	20
»Lobsters«: Amerikanische Hummer	22
Camden	22
Baxter State Park	24
Mount Washington	24
Indian Summer	26
White Mountains National Forest	28
Northeast Kingdom	28
Boston: Downtown	30
Boston: Quincy Market	32
Boston: Old State House	32
Boston: Beacon Hill	33
Cape Cod	34
Newport	34
Martha's Vineyard, Nantucket	35
Mystic Seaport	36
Mark Twain	38

INHALT

MID-ATLANTIC STATES	**40**	New York: Chinatown	76	Ohiopyle State Park	110
		New York: SoHo	77	*Amish People*	111
Niagara Falls	42	New York: Little Italy	77	Philadelphia	112
Finger Lakes Area	44	New York: Chelsea und Meatpacking District	78	Philadelphia: Downtown und Old City	112
Adirondack State Park	46	New York: Midtown	80	*Unabhängigkeitserklärung der*	
Lake Placid und Umgebung	48	New York: Empire State Building	82	*Vereinigten Staaten*	114
Catskill Mountains	50	New York: Grand Central Station	84	Philadelphia: Museen	116
Hudson River Valley	50	New York: Chrysler Building	84	*The Philadelphia Orchestra*	116
Long Island	52	New York: United Nations Headquarters	86		
Jersey City	54	*Showtime: Live on and »off« Broadway*	88	**SOUTH ATLANTIC STATES**	**118**
American Football	56	New York: Times Square	90		
New York	58	New York: Rockefeller Center	96	Dover	120
New York: Statue of Liberty	64	New York: Fifth Avenue	98	Bombay Hook National Wildlife Refuge	122
New York: Ellis Island	64	New York: Museum of Modern Art	100	Delaware Bay	122
New York: South Street Seaport		New York: Metropolitan Museum of Art	100	Baltimore	124
Historic District	66	New York: Solomon R. Guggenheim Museum	102	*Baltimore: Museen*	126
New York: Wall Street,		New York: Central Park	104	Chesapeake Bay	128
New York Stock Exchange (NYSE)	68	New York: Lincoln Center for		Annapolis	128
New York: One World Trade Center		the Performing Arts	104	Washington, D.C.	130
(Freedom Tower)	70	New York: Metropolitan Opera House	105	Washington, D.C.: White House	136
New York: National September 11		New York: Brooklyn	106	Washington, D.C.: United States Capitol	136
Memorial and Museum	72	Atlantic City	108	Washington, D.C.: Supreme Court	138
New York: Brooklyn Bridge	74	Pittsburgh	108	Washington, D.C.: National Archives	138
New York: TriBeCa	76	Gettysburg National Battlefield	110		

13

INHALT

Oben: Ganz zentral gelegen ist Miamis Marina. In direkter Nachbarschaft zu ihr liegt auch die künstliche Insel Dodge Island. Sie stellt das größte Kreuzfahrtterminal der Welt dar.

Washington, D.C.: Library of Congress	140
Washington, D.C.: National Gallery of Art	142
Washington, D.C.: National Museum of Natural History	142
Washington, D.C.: National Museum of American History	143
Washington, D.C.: National Air and Space Museum	143
Washington, D.C.: National Mall and Memorial Parks	144
Thomas Jefferson	146
Abraham Lincoln	146
Washington, D.C.: Smithsonian American Art Museum	148
Washington, D.C.: National Portrait Gallery	148
Washington, D.C.: Chinatown	150
Antietam National Battlefield	152
Richmond	154
Potomac River: Great Falls	156
Arlington National Cemetery	156
George Washington	158
Blue Ridge Mountains	160
Shenandoah National Park	160
Alexandria	162
Monticello	162
Williamsburg	163
Jamestown Island	163
Babcock State Park	164
Raleigh	166
Durham	166
Cape Hatteras National Seashore	168
Bodie Island	168
Pea Island	168
Cape Lookout National Seashore	169
Charlotte	170
Asheville	173
Grandfather Mountain	173
Pisgah National Forest	174
Great Smoky Mountains National Park	176
Blue Ridge Parkway	178
Sumter National Forest	178
Columbia	180
Charleston	182
Charleston: Magnolia Plantation and Gardens	184
Charleston: Mount Pleasant	184
Charleston: Middleton Place	185
Cape Romain National Wildlife Refuge	186
Francis Marion National Forest	186

INHALT

Congaree National Park	187	Cocoa Beach	212	Tampa Bay	246
Atlanta	188	St. Johns River	212	Tampa	246
Coca-Cola	190	Palm Beach	214	Tampa: Ybor City	247
Chattahoochee-Oconee National Forest und		Boca Raton	214	Orlando	248
Amicalola Falls	192	Fort Lauderdale	216	Walt Disney World	248
George L. Smith State Park	192	Miami	218	Universal Studios	248
Savannah und Macon	194	*Miami – Stadt der Künste*	224	Wakulla Springs State Park	250
Marshlands – die Salzwiesen der Südstaaten	196	Miami: Museum of Contemporary Art	225	Ocala National Forest: Silver Glen Springs	250
Tybee Island	198	Miami: Vizcaya Museum and Gardens	225	Crystal River	251
Sapelo Island	198	Miami Beach	226	Tallahassee	252
Jekyll Island State Park	199	Miami Beach: Ocean Drive	228	Pensacola	252
Cumberland Island	199	*Miami Beach: Art Déco*	230	Pensacola Bay	253
Pine Mountain: Callaway Gardens	201	Everglades National Park	232	Destin	253
Providence Canyon State Park	201	Biscayne National Park	234		
Okefenokee National Wildlife Refuge	202	Overseas Highway	236		
		Key Largo	236	**REGISTER**	**254**
		Islamorada	237	**BILDNACHWEIS/IMPRESSUM**	**256**
FLORIDA	**204**	*Florida Keys National Marine Sanctuary*	238		
		Key West	240		
Jacksonville	206	*Ernest Hemingway*	242		
Daytona Beach	206	St. Petersburg	244		
St. Augustine	207	Sarasota	244		
Kennedy Space Center	208	Fort Myers	245		
Kennedy Space Center: Visitor Complex	210	Naples	245		

NEW ENGLAND

Die ehemaligen Kolonien und heutigen US-Bundesstaaten Connecticut, Maine, Massachusetts, New Hampshire, Rhode Island und Vermont bilden den Nordostteil der USA. Der Name »Neuengland« geht auf den Engländer John Smith zurück, der diese wunderschöne, teils raue, teils sanfte Küstenregion im Jahr 1614 erkundete. Sechs Jahre später begann mit der Landung der »Mayflower« die permanente Besiedlung dieser Region durch die Engländer. In vielen Orten ist die Geschichte noch immer lebendig – in historischen Häusern und vorbildlichen »Living History Museums«.

Das Bass Harbor Lighthouse bewacht die Küste von Mount Desert Island im Acadia-Nationalpark. Lupinen und Blätter leuchten im Indian Summer um die Wette. Dann strömen die Besucher in Scharen in das Schutzgebiet und genießen die Farbenpracht.

ACADIA NATIONAL PARK

Der im Jahre 1919 gegründete Acadia-Nationalpark an der Küste von Maine ist einer der meistbesuchten Nationalparks der USA. Besonders im Herbst, wenn das Laub der ungezählten Bäume in allen Farben leuchtet, strömen die Besucher auf Mount Desert Island. Die Verfärbung der Blätter im Herbst ist ein nationales Ereignis, über das man sich sogar per Telefon und im Internet informieren kann. Im Acadia-Nationalpark ist sie besonders intensiv. Eine Fahrt über die asphaltierte Park Loop Road und auf den Cadillac Mountain hinauf führt am Sand Beach zum Thunder Hole, wo der Atlantik durch tiefe Felsenlöcher rauscht, und zum Jordan Pond, einem weiten und stillen See. Befestigte Kutschenstraßen führen in das bewaldete Hinterland. Dort hört man den geheimnisvollen Ruf des Loon, eines Seetauchers, der in Maine auch »Nachtigall des Nordens« genannt wird.

ACADIA NATIONAL PARK

Ein neugieriges Reh lugt aus einem Feld großer grüner Farne auf der kleinen Isle au Haut, vor der Küste von Maine im Atlantik gelegen (links). Am felsigen Küstenstreifen von Mount Desert Island brechen sich die Wellen des Atlantiks (unten). In den 1880er-Jahren war die Insel ein Geheimtipp für die reichsten amerikanischen Familien wie die Rockefellers, Fords oder Vanderbilts, die hier mondäne Villen errichteten.

COAST OF MAINE

Die schroffe Küste von Maine zählt zu den gefährlichsten der Welt. Heftige Stürme wie in dem Hollywoodfilm »Der Sturm«, der auf einer wahren Begebenheit beruht, dichter Nebel und die vielen Felseninseln machen das Navigieren ohne GPS und Radar zu einem Abenteuer. Früher wohnten die »Lighthouse Keepers« in den Türmen, waren oft monatelang allein und wurden zu Helden, wenn sie Schiffbrüchige aus dem Wasser retteten. Wegbereiter für den Bau von Leuchttürmen an der Küste von Maine war George Washington, der erste Präsident der USA. Im Jahr 1789 unterzeichnete er ein entsprechendes Gesetz. Heute führt eine eigene »Lighthouse Route« zu den vielfach als Museum genutzten Technikdenkmälern. Das Vorzeigedorf an der Küste von Maine heißt Camden. Vom nahen Mount Battie blickt man auf die halbmondförmige Bucht und den romantischen Hafen.

COAST OF MAINE

Neuenglands Küste hat eine Länge von fast 4000 Kilometern und allein im Bundesstaat Maine stehen heute noch 66 Leuchttürme. Am Pemaquid Point ist ein Leuchtturm positioniert und weist den Weg (unten). Am Port Clyde befindet sich ein Leuchtturm, der mit dem Festland durch eine Brücke verbunden ist und am Cape Elisabeth steht das Portland Head Lighthouse (Bilder links).

»LOBSTERS«: AMERIKANISCHE HUMMER

Hummer sind in den Neuenglandstaaten allgegenwärtig: Die Krebse mit den großen Scheren gedeihen bestens auf dem felsigen Meeresboden entlang der Küste. In schmalen Felsritzen und engen Höhlen leben sie als Einzelgänger, deren Panzer unterschiedliche Farben besitzen: Je nach Boden, Erbgut und Futter reicht das Spektrum von Braunschwarz bis Blaugrün mit hellen und dunklen Sprenkeln. Nachts wagen sich die Hummer hinaus auf Futtersuche, oft gut geschützt im Algenwald – doch dort hängen auch die Köderfallen, die hölzernen Fangkörbe. Unzählige Restaurants an der Küste werben mit großen »Lobster«-Schildern, sie servieren Hummersuppe, Häppchen oder ganzen Hummer: Amerikanischer Hummer ist keine der gefährdeten Arten. Vor 100 Jahren war er sogar so zahlreich, dass Hummer als Arme-Leute-Speise verpönt war.

Entlang der Küste sieht man die Fangkörbe für Lobster fast überall. Ausgediente alte Körbe werden oft zu Dekorationszwecken genutzt (unten). Eine eindrucksvolle Größe weist der Amerikanische Hummer auf (rechts).

CAMDEN

Mit seinen pittoresken Kapitäns- und alten Herrenhäusern, eingebettet zwischen malerischem Hafen an der Felsenküste und waldiger Hügellandschaft, gilt Camden in Maine nicht nur als amerikanischer Bilderbuchort, sondern sogar als einer der schönsten in ganz Neuengland. Das Stadtmotto »Wo die Berge dem Meer begegnen« beschreibt treffend, weshalb so manche reiche Familie des Nordostens hier traditionell den Sommer verbringt – oder sich in den sehenswerten Landsitzen in den Hügeln angesiedelt hat. Die charmante Altstadt lockt historisch Interessierte und dient immer wieder als Kulisse für Filme und Fernsehserien. Im Sommer verdreifachen Besucher und Sommerfrischler Camdens Einwohnerzahl. Zahlreiche Kunst- und Kulturevents locken zusätzlich zur Natur. Den wohl besten Blick über die Idylle von Ort und Küste bietet eine Tour auf die Kuppe des Mount Battie.

Camdens kleiner Sporthafen ist Ankerplatz für die schmucken Privatjachten der reichen amerikanischen Sommerfrischler (unten). Im Herbst, während der Laubfärbung, ist der Blick über das Städtchen besonders idyllisch (rechts).

»LOBSTERS«: AMERIKANISCHE HUMMER

CAMDEN

NEW ENGLAND

BAXTER STATE PARK

Der beliebte Fernwanderweg Appalachian Trail, der sich an der Ostküste der USA entlangzieht, endet im Norden mit dem 1606 Meter hohen Baxter Peak auf Mount Katahdin. Hier soll nach indianischer Überlieferung der Sturmgott Pamola hausen. Doch eher friedlich wirken die Berge, mit malerischen Seen und Sümpfen, Bächen und Wasserfällen durchsetzt. Das lieben die vielen Biber des Waldes, ebenso wie Otter, Waschbären und Elche. Weißwedelhirsche und Schwarzbären gehören zu den größten Tieren, denen Besucher begegnen. Sie genießen die »für immer ursprünglich« belassene Landschaft, wie es Maines einstiger Gouverneur Percival Baxter gewünscht hatte. Er kaufte das Land und machte es 1931 zum Schutzpark, so gibt es hier weder geteerte Straßen noch Elektrizität, auch Mobiltelefone sind in dem Park verboten.

Trotz seiner langen Beine steht der Elch bis zum Bauch im See und labt sich an Wasserpflanzen. Der scheue Rotfuchs lugt nur durchs Unterholz (Bilder unten). In seinem felsigen Bett strömt der Penobscot River durch die Wälder (rechts).

MOUNT WASHINGTON

Bei den hier lebenden Abenaki-Indianern galt er als »Heim des großen Geistes« oder »Agiocochook« – heute heißt der 1917 Meter hohe Mount Washington auch »Heimat des schlechtesten Wetters der Welt«. Tatsächlich bilden er und seine aus dem Umland aufragende Bergkette eine Wetterscheide: Hier trifft warme Südluft auf kalte Nordluft und verwirbelt sich zu enormen Windgeschwindigkeiten. Seit fast 100 Jahren verzeichnet die Gipfelwetterwarte die stärksten Winde des Globus. Doch der Berg ist bei Wanderern und Ausflüglern beliebt, die erste Gästehütte entstand schon 1852, seit 1869 trägt eine Zahnradbahn Gäste auf den Gipfel. Zu Fuß geht es auf dem »Crawford Path«, dem ältesten Bergwanderweg der USA, oder auf dem »Appalachian Trail« durch den Wald nach oben. Noch sportlicher geht es beim jährlichen Wettlauf sowie beim Radrennen auf den Gipfel zu.

Die Wolken am Himmel geben einen Hinweis darauf, wie am Mount Washington die Windverhältnisse agieren können (unten). Rechts: Kühle Morgenluft, die Laubfärbung und der malerisch eingebettete Fluss – eine schöne Szenerie.

BAXTER STATE PARK

MOUNT WASHINGTON

INDIAN SUMMER

Im Herbst leuchten in Neuengland die Wälder. Beinahe über Nacht verfärben sich die Blätter der Bäume und strahlen in allen Rot-, Gelb- und Brauntönen. Maine scheint geradezu zu »brennen«: Ein herbstliches Farbenmeer ergießt sich über die schier endlosen Waldlandschaften und verwandelt den Neuenglandstaat in ein buntes Zauberland. Im späten September und frühen Oktober ist die sogenannte »Foliage« ein magischer Anziehungspunkt für Touristen aus aller Welt. Das Internet, Radiosender und Zeitungen informieren über den Stand der Foliage und die schönsten Gegenden. Für die besonders intensive Farbenpracht in Maine und anderen Neuenglandstaaten ist das Klima verantwortlich. Die kühlen Temperaturen und das Sonnenlicht bilden hier im Nordosten eine ideale Mischung, die das herbstliche Farbenspiel besonders gut zur Geltung kommen lässt. Vor dem Hintergrund der sich bis zum Horizont ausdehnenden Fichtenwälder und des ebenfalls endlos erscheinenden, meist graufarbenen Atlantiks leuchten Eichen, Birken, Buchen und Ahornbäume wie ein knisterndes Lagerfeuer in tiefschwarzer Nacht. Als Geheimtipp gilt die Straße zwischen Rumford und Rangely. Auch die Highways entlang des Swift River in New Hampshire sind eine Idealroute für farbenhungrige »Leaf Peepers« (»Blättergucker«).

INDIAN SUMMER

Die Hauptdarsteller des Indian Summer sind an der Ostküste der Vereinigten Staaten eindeutig die Bäume des Zuckerahorns. Ihr Laub erstrahlt in dieser Zeit ganz besonders intensiv und leuchtend (unten). Der Baum ist auch in Kanada verbreitet und wird gern in Parks und privaten Gärten angepflanzt. Aber auch die Birken haben ein wunderbares Farbspektrum, das sie im Herbst entfalten (links).

WHITE MOUNTAINS NATIONAL FOREST

Ein dichter Mischwald zieht sich über die Grenze von New Hampshire bis Maine – der 3175 Quadratkilometer große Nationalforst der White Mountains. Schon seit 1918 steht die dreiteilige Region unter Schutz und bietet Wanderern, Kletterern und auch Wintersportlern viele Möglichkeiten. Mitten hindurch verläuft der Fernwanderweg »Appalachian Trail«. Besonders beliebt ist der reizvolle Park, weil er nah an den Küstenstädten Neuenglands und nur zwei Stunden von Boston entfernt liegt. Mit mehr als sechs Millionen Besuchern im Jahr schlägt er alle anderen Nationalparks der USA deutlich. Damit die Natur keinen zu großen Schaden durch den Andrang nimmt, sind innerhalb des Parks sechs große Wilderness Areas ausgewiesen, in denen ursprüngliche Flora und Fauna Vorrang haben oder wortwörtlich, »wo der Mensch selbst ein Besucher ist, der nicht bleibt«.

Unten: Am Wanderweg durch die Sabbaday Gorge färbt sich das Laub im Herbst. Nicht nur zur Schneeschmelze rauscht dieser Wasserfall über die Felskante, obwohl er dann merklich mehr Wasser führt als im Herbst (rechts).

NORTHEAST KINGDOM

Vermont, das »Land der grünen Hügel«, reicht von den unberührten Wäldern im Norden bis zu historischen Dörfern und der ländlichen Idylle am malerischen Highway 100. Besonders grün ist es im Northeast Kingdom, dem bis heute nicht völlig erschlossenen »Outback« dieses Neuenglandstaates: Majestätische Wälder – unterbrochen von Seen, an deren Ufern man Elche und sogar Wölfe beobachten kann – erstrecken sich bis zur kanadischen Grenze. Der Highway 100 ist die Lebensader von Vermont. In Montpelier, der kleinsten Hauptstadt der USA, steht das Kapitol. Das Vorzeigedorf in Vermont heißt Grafton. Seit dem Jahr 1780 besteht dieser Ort, der einst von zahlreichen Farmen und einer Mühle umgeben war. Stolz ist man in Vermont auf seine landwirtschaftlichen Produkte, die auch direkt beim Erzeuger verkauft werden: Ahornsirup, Käse, Gemüse und Brot.

Dies sind die Impressionen vom Osten der USA: die bunte Blattfärbung im Indian Summer, ein strenger spitzer Kirchturm wie hier in Peacham (rechts) und die oft roten Hallen und Scheunen wie in der Kulturlandschaft Vermonts (unten).

WHITE MOUNTAINS NATIONAL FOREST

NORTHEAST KINGDOM

BOSTON: DOWNTOWN

In Boston scheint die Zeit des Unabhängigkeitskrieges noch lebendig zu sein: Die Hauptstadt von Massachusetts gleicht einem Freilichtmuseum mit historischen Häusern und verwinkelten Straßen – inmitten einer modernen urbanen Metropole samt glitzernder Hochhausfassaden. Der beliebte »Freedom Trail« führt zu 16 Gebäuden und Stätten aus der Kolonialzeit. Markante Punkte sind die zu Ehren des berühmten Wissenschaftlers und Unterzeichners der Unabhängigkeitserklärung errichtete Benjamin-Franklin-Statue, das Old South Meeting House – eine ehemalige Kirche, in der die »Boston Tea Party« ausgeheckt wurde –, die Faneuil Hall, ein weiterer Versammlungsort der Patrioten, und Bunker Hill, Schauplatz einer wichtigen Schlacht im Unabhängigkeitskrieg. Abseits des Trails erinnert vor allem Beacon Hill an die traditionsreiche Geschichte dieser Stadt.

BOSTON: DOWNTOWN

Links: Blick auf die Hochhäuser vom Finanzdistrikt. Im Hintergrund sieht man den Boston Harbor. Unten: Entlang der Waterfront am Boston Harbor haben sich einige große und luxuriöse Hotels angesiedelt. Mit Blick auf die natürliche Bucht des Hafens und auf den Flughafen kann man hier nächtigen, frühstücken und abends am hell beleuchteten Pier entlangbummeln.

NEW ENGLAND

BOSTON: QUINCY MARKET

Kaum war Boston 1822 zur Stadt erklärt worden, wurde die Markthalle Faneuil Hall zu klein. Also ließen die Stadtväter direkt nebenan einen Teil des Hafenbeckens auffüllen und den Quincy Market errichten. Der 163 Meter lange zweistöckige Granitbau besticht noch heute mit römisch anmutenden Säulenportalen, einer Kupferkuppel und innovativen Gusseisensäulen im Inneren. Benannt ist er zu Ehren von Bürgermeister Josiah Quincy, dem die Finanzierung ohne Steuergelder und Schulden gelang. Die Halle beherbergte Marktstände für die Bauern aus dem Umland, und auch Schlachter, Handwerker und Straßenhändler priesen ihre Waren an. Heute bietet ein Lebensmittelmarkt Produkte der Region. Einen Besuch wert sind vor allem auch die Stände des Food Court im Obergeschoss: Hier speist man direkt unter der sehenswerten Kuppel.

An Sommerabenden sitzen die Einheimischen, die Touristen und die vielen Studenten am Quincy Market und North Market gern bis in die Nacht hinein draußen zum Essen, Trinken und Plaudern. Die alten Markthallen liegen auf der Besichtigungsroute des »Freedom Trail«.

BOSTON: OLD STATE HOUSE

Fast zwergenhaft mutet das Old State House heute zwischen den Hochhäusern des Finanzdistrikts an, von enormer Bedeutung war es aber einst für die Unabhängigkeit der USA: Errichtet 1713 nach dem Brand des Vorgängers, beherbergte der repräsentative Backsteinbau die britische Kolonialregierung samt Gerichtshof. Dort stärkten mehrere Prozesse mit hoher Symbolkraft, bei denen die Kläger kein Recht bekamen, die noch junge Idee einer Revolution gegen die Briten. 1770 geschah direkt vor dem State House das »Massaker von Boston«, Soldaten feuerten auf Demonstranten. Und bereits sechs Jahre später wurde vom Ostbalkon aus erstmals öffentlich die Unabhängigkeitserklärung verlesen. Bis 1798 dann Sitz der Regionalverwaltung, später Rathaus, Postamt und Bürogebäude, dient heute der älteste erhaltene öffentliche Bau Bostons als Museum – mit eigener U-Bahnstation im Keller.

Heute betreibt die Bostonian Society im Old State House ein Heimatmuseum. Die gemeinnützige Gesellschaft hat es sich zum Ziel gemacht, die Stadtgeschichte zu dokumentieren und betreut in dieser Hinsicht verschiedene weitere Programme für Erwachsene und Kinder.

BOSTON: QUINCY MARKET

BOSTON: BEACON HILL

Der höchste Punkt des alten Boston, der »Leuchtfeuer-Hügel«, beherbergte einst ein weithin sichtbares Licht. Heute steht hier das Massachusetts State House, Sitz des Gouverneurs und des Obersten Gerichts des Bundesstaates – im übertragenen Sinn sprechen die Bostoner noch immer vom »Leuchtfeuer auf dem Hügel«. Vor allem aber steht der Name für einen Stadtteil, dessen Gassen sich mit Backsteinhäusern und Gaslaternen an den Hügel schmiegen. So gut erhalten und malerisch sind sie, dass das Viertel als »National Historic Landmark« geschützt ist und zu den teuersten der Stadt gehört. Antiquitätenläden, Restaurants und Bars locken Besucher an, darunter auch die »Cheers«-Bar, Vorbild und Spielort der langjährigen Fernsehserie. Gesäumt wird Beacon Hill von gleich drei beliebten Parks: den »Public Gardens«, dem »Boston Common« und den Ufern des Charles River.

In der Abenddämmerung fühlt man sich an manchen Stellen von Beacon Hill wieder in die Vergangenheit zurückversetzt. Kopfsteinpflaster, alte Laternen und die historischen Backsteinhäuser sorgen für eine beschauliche Atmosphäre.

NEW ENGLAND 33

CAPE COD

Diese Halbinsel in Massachusetts lebt vom rauen Charme der Küste und dem Trubel bekannter Feriendörfer wie Hyannis. Provincetown, von den Einheimischen liebevoll »P-Town« genannt, ist eine romantische Küstenstadt mit verwinkelten Gassen und den blumengeschmückten Häusern ehemaliger Schiffskapitäne. Das Pilgrim Monument, ein eindrucksvoller Granitturm, erinnert an die Pilgerväter, die hier erstmals amerikanischen Boden betraten. Der »Old King's Highway« windet sich an der Küste entlang und erinnert mit seinen Dörfern, den vielen Antiquitätenläden und Bed & Breakfasts an das vergangene Neuengland. Dazwischen findet man nichts als weites Marschland, unterbrochen von Feldern und sumpfigen Teichen. An der südlichen Küste von Cape Cod ist es lauter. Besonders in Hyannis locken Motels, Mini-Golfplätze, Gokart-Bahnen und Fast-Food-Lokale Urlauber an.

Im Schutzgebiet des Cape Cod National Seashore gibt es herrliche weitläufige Sandstrände. Doch die Winterstürme und die hohen Wellen nagen sehr an der fragilen Küste. Immer wieder brechen Dünenabschnitte ein. Deshalb stehen weite Teile unter besonderem Schutz.

NEWPORT

Der mondäne Ferienort von Rhode Island, dem kleinsten und mit am dichtesten besiedelten Bundesstaat der USA, trägt klangvolle Beinamen wie »America's First Resort« und »Hauptstadt der Jachten«. Der Ocean Drive gestattet eine wundervolle Aussicht auf die zerklüftete Küste und führt zu den »Cottages« der Superreichen: Newport war bereits im 18. Jahrhundert eine wohlhabende Stadt, und die Residenzen der Millionäre gleichen denen europäischer Königshäuser. Das »Chateau-sur-mer« von William S. Wetmore, einem wohlhabenden New Yorker Kaufmann, war das erste davon. Im Stil der italienischen Renaissance wurde »The Breakers« erbaut, der Prunkpalast des Cornelius Vanderbilt II. Riesige Marmorsäulen ragen in der zwei Stockwerke hohen Eingangshalle empor. Das »Rosecliff« von Hermann und Tessie Oelrichs wurde Versailles nachempfunden.

»The Breakers« wurde für den Enkel von Cornelius Vanderbilt erbaut. Die ehemalige Sommerresidenz der Familie ist von einem Park mit Meerzugang umgeben. Das Anwesen mit seiner prachtvollen Innenausstattung, das unter Denkmalschutz steht, kann besichtigt werden.

MARTHA´S VINEYARD, NANTUCKET

Martha's Vineyard und Nantucket sind zwei südlich von Cape Cod gelegene Inseln in Massachusetts. Martha's Vineyard bietet weite Sandstrände, romantische Buchten und die steilen Klippen von Gay Head. Die meisten Einwohner leben in Vineyard Haven mit seinen historischen Häusern und einem sehenswerten Heimatmuseum. In Oak Bluffs gruppieren sich farbenprächtige Häuschen um eine Aussichtsterrasse. Edgartown ist die älteste und interessanteste Siedlung auf Martha's Vineyard: Hinter weißen Palisadenzäunen und bunten Blumengärten liegen die prächtigen Villen der reichen Segelschiff- und Walfangkapitäne, die der Stadt einst ihren Wohlstand einbrachten. Nantucket ist lieblicher und ruhiger – ein stilles Paradies mit schroffen Küsten und bunten Blumenwiesen. Das ehemalige Walfängerzentrum ist auch als beliebter Zufluchtsort für Künstler bekannt.

Bild oben: Neben den weitläufigen Küsten bestaunen die Besucher vor allem die alten Villen und die aufwendig restaurierten Häuser in den Straßen und direkt am Wasser. **Bild unten:** Unberührte Natur und einsame Strände sind die größten Reize für die Besucher von Nantucket.

NEWPORT

MYSTIC SEAPORT

Die Nachbildung eines Hafenstädtchens aus dem 19. Jahrhundert im Südosten von Connecticut ist heute ein Freilichtmuseum. Seit Ende der 1920er-Jahre wurden hier rund 60 historische Gebäude originalgetreu wiederaufgebaut. Im großen Museumshafen, dem größten der Vereinigten Staaten, ankern bis zu 430 historische Schiffe. Eine Werft hat sich auf die Reparatur historischer Schiffe spezialisiert. Den Handwerkern kann man hier bei ihrer Arbeit über die Schulter schauen. Der benachbarte moderne Ort Mystic ist ein kleines Seebad mit einem sehenswerten Aquarium und einem großen Hafen. Wenig westlich von Mystic liegt der Hafen von New London, von dem aus Fähren nach Long Island verkehren. Über den parallel zur Küste des Long Island Sound verlaufenden Highway 25 erreicht man in nur zwei Stunden New York City.

MYSTIC SEAPORT

»Living History Museum« nennt sich der Mystic Seaport und steht damit in einer Reihe der in den USA so beliebten Museumsart mit Schauspielern, die den Gästen den Alltag einstiger Bewohner zeigen und dabei so gut wie nie ihre Rolle verlassen. Sie führen hier vor allem die harte Arbeit der Hafenarbeiter vor. Auch ein eigener Chor des Museums gibt hin und wieder Shantys zum Besten.

NEW ENGLAND

MARK TWAIN

Obwohl Mark Twain (Samuel Langhorne Clemens) mehr als die Hälfte seines Lebens im Osten der USA verbrachte, bleibt er der Dichter des Mississippi. Er kam 1835 in Florida, Missouri, zur Welt und verlebte seine Kindheit in Hannibal, Missouri. Nach einer Lehre als Schriftsetzer wandte er sich dem Journalismus zu. 1857 bis 1860 fuhr er als Lotse auf dem Mississippi. Aus dieser Zeit stammt auch sein Künstlername Mark Twain (Ruf der Lotsen bei zwei Faden Wassertiefe). Beeindruckend und mit großer Sachkenntnis schildert er diese Zeit in dem autobiografischen Bericht »Life on the Mississippi«. Nach einer Zwischenstation als Silbersucher im Westen ließ er sich 1871 in Connecticut nieder, wo er schließlich 1910 starb. Mark Twain schrieb eine Reihe von Romanen und satirischen Reiseberichten, doch die Abenteuer, die zwei Lausbuben am Mississippi erleben, machten ihn weltberühmt: »Die Abenteuer des Tom Sawyer« und »Huckleberry Finns Abenteuer«. Aber auch Werke wie »Die Arglosen im Ausland« (1869) zeigen ihn als genialen Beobachter, dem es in seinen Werken gelang, ein humorvolles Bild der amerikanischen Unterschicht Ende des 19. Jahrhunderts zu zeichnen. So war Mark Twain auch einer der Ersten, der umgangssprachlichen Dialekt in die Literatur einführte.

MARK TWAIN

Der 1835 in Florida, Missouri, geborene Twain verbrachte seine Kindheit in der Hafenstadt Hannibal am Mississippi – eine Zeit intensiver, prägender Erfahrungen. 1871 ließ Twain sich mit seiner Frau in Hartford, Connecticut, nieder. Sein originelles Haus in der Farmington Avenue ist heute ein Museum (alle Abbildungen, großes Bild: Bibliothek, Bildleiste: ein Schlafzimmer und sein Büro). 1910 verstarb Twain in Redding.

NEW ENGLAND 39

MID-ATLANTIC STATES

Eine amerikanische Redensart besagt: Aus Neuengland kamen die klugen Köpfe und das Geld, um im 19. Jahrhundert die Expansion nach Westen voranzutreiben – doch die »Muskeln« bildeten die Mittelatlantikstaaten. Die beiden größten, New York State und Pennsylvania, entwickelten sich rasch zu Zentren der Schwerindustrie. Auch New Jersey gehört zum Kern der Staatengruppe im Nordosten der Vereinigten Staaten. Manche zählen noch Delaware, Washington D.C. und Maryland dazu. Im Gegensatz zu Neuengland war diese Region ein Schmelztiegel der Nationen und Religionen.

»Ups and downs« gibt es für die New Yorker nicht bloß im übertragenen, sondern auch im geografischen Sinn: »Uptown« geht es den Stadtplan von Manhattan hinauf nach Norden, »Downtown« hinab in Richtung Süden (Bild, mit dem 1 WTC). Dazwischen liegt »Midtown«.

NIAGARA FALLS

Als erster Weißer bekam im Dezember 1678 der Jesuitenpater Louis Hennepin die gigantischen Niagarafälle zu Gesicht, die von den Indianern »Donnerndes Wasser« genannt wurden. Über 50 Meter stürzt hier der Niagara River in einem beeindruckenden Naturschauspiel über die Felsen. Goat Island, eine winzige Insel, trennt die tosenden Wasserfluten. Die 790 Meter breiten und 49 Meter hohen Horseshoe Falls liegen auf kanadischer, die 350 Meter breiten und 51 Meter hohen American Falls auf US-amerikanischer Seite. Die Rainbow Bridge verbindet die USA und Kanada. Mit dem Ausflugsboot »Maid of the Mist«, das dicht an das stürzende Wasser heranfährt, hat man die beste Aussicht auf die Niagarafälle. Angeboten wird auch eine »Journey Behind the Falls«, bei der man zu Fuß hinter die Wasserfälle gelangt. Seit 1885 sind die Fälle in den USA als Naturpark deklariert.

NIAGARA FALLS

Unten: Zu jeder Tages- und Jahreszeit sind diese riesigen Wasserfälle ein Naturschauspiel, das man unbedingt einmal im Leben gesehen haben sollte. Von der US-amerikanischen Seite wirken die Wassermassen am spektakulärsten, und auch der Blick vom 190 Meter hohen Skylon Tower ist sehr schön. Mit dem Boot kommt man den Kaskaden am nächsten und kann auch die Rainbowbridge sehen (links).

FINGER LAKES AREA

Aus der Luft betrachtet, wirken die elf Seen tatsächlich wie eine Hand. Allerdings nicht hübsch und wohlgeformt wie die eines Klavierspielers, sondern eher knöchrig und spitz. Einer alten Indianerlegende nach soll der Schöpfer der Welten von diesem Flecken so begeistert gewesen sein, dass er sich hinunterbeugte, um ihn zu segnen. Dabei stützte er sich mit der Hand ab und hinterließ einen Abdruck – die Finger-Seen. Die Version der Geologen ist nüchterner: Als die Gletscher der letzten Eiszeit verschwanden, hatten sie mit unvorstellbarem Druck lange Mulden in die Erde gepresst, die heutigen Seen. Die umliegende Region mit ihren mehr als 1000 Wasserfällen und tiefen Schluchten ist von der Eiszeit geprägt. Das hügelige Land ist fruchtbar und bietet beste Voraussetzungen für Winzer. Kein Wunder, dass die Gegend nach Kalifornien das zweitgrößte Weinbaugebiet der USA ist.

FINGER LAKES AREA

Große Bilder von oben: Weitläufige Feuchtgebiete und Gewässer kennzeichnen das Wildreservat Montezuma; die Finger-Seen sind herrlich ruhige Gewässer. Viele Gräserarten, die im Sommer und Herbst blühen, haben sich hier angesiedelt. Bildleiste von oben: Majestätisch ergießen sich im Letchworth State Park die Middlefalls; Double Waterfalls im Glen State Park; links: die Montour Falls.

ADIRONDACK STATE PARK

Die »Adirondacks« sind für jeden New Yorker Großstädter ein Fluchtpunkt in die wilde Natur. Im Nordosten des dreieckigen Bundesstaats, an dessen Spitze New York City liegt, finden sie eines der größten Schutzgebiete der USA – mit mehr als 24 000 Quadratkilometern größer als die Bundesstaaten Vermont oder New Hampshire. Rund 3000 Seen liegen in dichtem Wald, viele Bäche und Flüsse durchströmen die Region. Zwar ist ein Großteil des Grund und Bodens in Privatbesitz, doch meist öffentlich zugänglich. Auch die Adirondack Mountains und New Yorks höchster Gipfel, der 1629 Meter hohe Mount Marcy, gehören dazu. Ihn kann man bequem erreichen und den fantastischen Panoramablick genießen. Ein Rundweg, den man in einer Woche erwandern kann, führt durch weite Gebiete im Tiefland und ist besonders für Vogelfreunde ein echtes Paradies.

ADIRONDACK STATE PARK

Der Heart Lake zeigt seine Herzform inmitten bunter Herbstwälder vor dunklen Bergen – ein romantischer Anblick (unten). Vom Indian Head breitet sich der Blick über den Lower Ausable Lake, eine einsame und weitgehend menschenleere Landschaft, die im Herbst durch die Laubfärbung in ihren prächtigsten Farben erstrahlt und schöne Wandererlebnisse verspricht (unten).

MID-ATLANTIC STATES

LAKE PLACID UND UMGEBUNG

Der kleine Ort Lake Placid im Norden des Bundesstaates New York wird vor allem im Zusammenhang mit zwei Ereignissen erwähnt: 1932 und 1980 war er Austragungsort der Olympischen Winterspiele. Viel wichtiger jedoch ist das, was bei den Spielen 1980 hier aber auf dem Eis passierte: Hier fand das als »Miracle on Ice« in die amerikanische Geschichte eingegangene prestigeträchtige Finale um die Goldmedaille im Eishockey der Herren zwischen den USA und der damaligen Sowjetunion statt. Letztere galten als unschlagbar, jedoch konnten sich die Gastgeber in einem packenden Match 4:3 durchsetzen. Abgesehen von sportlichen Großereignissen ist der kleine Wintersportort Lake Placid aber recht gemütlich. Etwa 2000 Einwohner leben hier und genießen die herrliche Natur in der Umgebung. Ein Olympia-Museum erinnert an beide Olympische Spiele.

LAKE PLACID UND UMGEBUNG

Eingebettet in die Adirondacks liegt der kleine Ort Lake Placid, kein Wunder, dass er als US-amerikanisches Wintersportparadies gilt. Sawtooth (unten) und Whiteface Mountain (ganz unten und links) gelten als gute Skihänge. Letzterer hat sogar über 80 Routen zu bieten. Im Sommer ist die Umgebung von Lake Placid ein herrliches Wanderrevier, Wälder und Seen sorgen für immer neue Ansichten.

CATSKILL MOUNTAINS

Nur etwa 100 Meilen nördlich von Manhattan liegen die Catskill Mountains, ein beliebtes Rückzugsgebiet für Stadtneurotiker. Üppig bewaldete Hügel, Wasserfälle, Flüsse und Seen versprechen Ruhe und Entspannung und ziehen seit Generationen Sinn- und Spaßsuchende, Hippies und Künstler an. Anfang des 20. Jahrhunderts war das Gebiet als »jüdisches Eden« bekannt. New Yorker Juden, die andernorts abgewiesen worden waren, eröffneten günstige Pensionen für jedermann. »Kokh-Aleyns« (= koch alleine) hießen die einfachen Zimmer mit Gemeinschaftsküche. Auch Woody Allen verbrachte mit 16 Jahren seinen ersten Urlaub in solch einem »Rattenloch«, wie er später sagte. Geschadet hat es nicht, denn in der Region machte er seine ersten Schritte auf der Bühne – als Zauberer. Später kamen die Hippies in die Catskills und feierten auf einer Farm in Bethel ihr Woodstock-Festival.

Der Rondout Creek, mit etwa 100 Kilometern Länge, ist ein Nebenfluss des Hudson River. Durch die Catskill Mountains hat er sich sein Bett durch die Wälder geschaffen. Im Rondout Valley ergießt er sich als malerischer Wasserfall.

HUDSON RIVER VALLEY

Nördlich von New York City verwandelt sich der Hudson River in einen mächtigen Strom. Im gleichnamigen Tal scheint die Zeit vielerorts stehen geblieben zu sein. Hier findet man romantische Städtchen am Flussufer, viktorianische Landhäuser und einsame Farmen. Auf den Wiesen weiden Kühe, am Straßenrand warten Obststände – ein starker Kontrast zur Megacity New York. Kein Wunder also, dass die Reichen und Reichsten ihre Landsitze gern in diese Idylle verlegten: die Vanderbilts etwa, die ihr Geld mit Eisenbahnlinien verdienten, oder die Roosevelts, in deren Villa 1882 der 32. Präsident der Vereinigten Staaten von Amerika geboren wurde. 80 Jahre früher, 1802, wurde am Hudson River die Militärakademie West Point gegründet. Eine Verbindung zur Kunstmetropole New York City schafft der Skulpturenpark des Storm King Art Center in Mountainville.

Das Hudson Valley bietet als Urlaubsregion viel Entspannung und Erholung. In den waldreichen Gebieten um den Hudson River sind lange Spaziergänge und thematische Wanderungen ausgewiesen. Im Sommer werden überdies viele Feste und Events veranstaltet.

CATSKILL MOUNTAINS

HUDSON RIVER VALLEY

LONG ISLAND

Die geschäftigen Dörfer und weiten Sandstrände auf der größten Insel der USA (200 Kilometer lang) erinnern an Neuengland und sind ein begehrtes Ausflugsziel für die Bewohner von New York. Der Jones Beach ist am Wochenende meist überfüllt; ruhiger geht es auf der vorgelagerten Shelter Island zu. Die Hamptons, einige ehemalige Walfangdörfer, gelten als Refugium der Superreichen und Prominenten – auch Steven Spielberg hat hier eine Villa. In Sag Harbor liegt ein kleines Walfangmuseum. Der Norden der Insel ist ein bekanntes Weinbaugebiet und endet am Orient Point. Die Nordküste zwischen Glen Cove und Huntington Bay wird auch als »Gold Coast« bezeichnet, weil sich dort zahlreiche Millionäre in prachtvollen Villen niederließen. In Huntington befindet sich das zweitgrößte Privathaus der Welt, das Oheka Castle mit 125 Zimmern: Man gönnt sich ja sonst nichts!

LONG ISLAND

Herrliche Wellen mit heller Gischt brechen sich an den langen Stränden von Long Island. Viele Watvögel wie die Sanderlinge finden hier ihre Nahrung. Sie treten gern in Schwärmen auf (links). Der Leuchtturm am Montauk Point gilt als der älteste Leuchtturm im Staat New York, er stammt aus dem Jahr 1796 (großes Bild oben). Fire Island ist autofrei und das gesamte Eiland steht unter Naturschutz (großes Bild unten).

JERSEY CITY

An den Ufern des Hudson River, gegenüber von New York City, liegt Jersey City. Zwischen beiden kreuzen zahlreiche Fähren. Wer per Schiff anreist, sieht zuerst »Ellis Island«, die berühmte Insel, die zwischen 1892 und 1954 jeder Einreisewillige in die USA zu passieren hatte. Sie gehört zur Stadt und ist heute ein Museum. Auf dem Festland angelangt, lohnt ein Abstecher in den »Liberty State Park«, für einen weiten Blick auf die Skyline der gigantischen Nachbarstadt und die Freiheitsstatue. Ein Spaziergang durch die Stadt führt zwischen den typischen Glas-Stahl-Hochhäusern hindurch zu europäisch anmutenden Straßenzügen. Im 19. Jahrhundert war New Jersey als Anlaufstelle für Immigranten fast genauso beliebt wie New York. Die ehemalige niederländische Kolonie weist sogar noch einige wenige Häuser aus der frühen Besiedlungszeit auf, wie das »Newkirk House« von 1690.

JERSEY CITY

Eine Besonderheit im Bundesstaat New Jersey sind seine Küstenregionen (links) mit einer Vielzahl an vorgelagerten Inseln. Sie sind mit ihren weiten Sandstränden, Dünen und dem unendlichen Horizont des Atlantiks ein beliebtes Ausflugsziel für die Bewohner der dicht besiedelten Ostküste. Lange Sandstrände prägen den Abschnitt zwischen Cape May und Atlantic City. Unten: Jersey City am Morgen.

AMERICAN FOOTBALL

»Wo rohe Kräfte aufeinanderprallen«: Was auf den Laien oft wie ein brutales Durcheinander muskelbepackter Riesen wirkt, entstammt den Universitäten und gilt wegen seiner vielen taktischen Möglichkeiten auch als »Rasen-Schach«. Das mag daran liegen, dass seine Regeln heute derart komplex sind, dass nicht nur Trainer ihre ganz eigenen Philosophien über Spielzüge, Aufstellungen und ausgeklügelte Täuschungsmanöver entwickeln.

Ziel ist es, den ovalen Lederball, »das Ei«, hinter die gegnerische Auslinie zu befördern – oder immerhin möglichst weit in die gegnerische Spielhälfte. Vier Versuche hat jede elfköpfige Mannschaft, bevor das Angriffsrecht an den Gegner geht – Gewinner ist, wer am Ende die meisten Punkte für Touchdowns oder Tore erzielt. Mit dem richtigen Drall fliegt die Ellipsoid-Form deutlich weiter und stabiler als eine runde, kontrolliert übers Feld rollt sie aber nicht.

Stattdessen tragen die Spieler das Leder »wie gütige Hennen« nach vorne oder werfen und kicken es in Richtung Tor. Das historisch erste Match lieferten sich 1869 die Universitäten Princeton und Rutgers, damals noch mit rundem Ball und je 25 Spielern. Heute ist American Football die beliebteste Sportart Nordamerikas. Das Finale der beiden Profiligen – der »Super Bowl« – ist das wichtigste Fernsehereignis der Nation.

AMERICAN FOOTBALL

Der Grundgedanke des Spiels ist es, Raum zu gewinnen. Dies klingt einfach, doch das Spiel ist komplex und kompliziert, auch wenn es für Laien auf dem Spielfeld beim ersten Anblick chaotisch abläuft. Großes Bild: Am 23. Januar 2011 spielten die New York Jets gegen die Pittsburgh Steelers. Bilder links: Super Bowl 2009 in Tampa, Florida: Arizona Cardinals vs. Pittsburgh Steelers; es gewannen die Steelers.

MID-ATLANTIC STATES

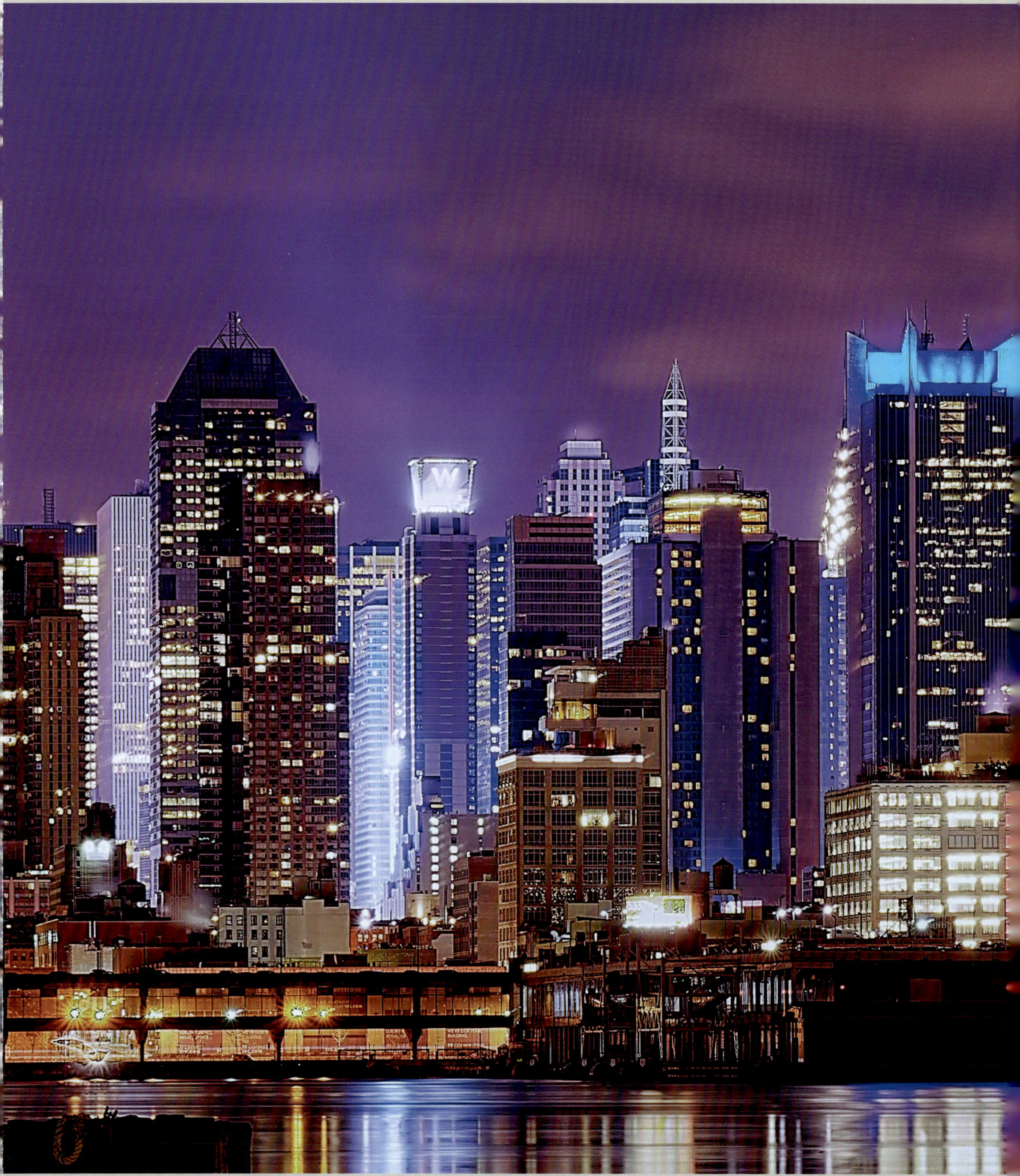

NEW YORK

NEW YORK

Fünf Stadtteile formen eine Welt: Bronx, Manhattan, Queens, Brooklyn, Staten Island – das ist New York. Oder: eine Welt aus vielen Welten, in der man oft nur die Straße zu wechseln braucht, um von der einen in eine andere einzutauchen. Für den Filmemacher Woody Allen besteht New York vor allem aus Manhattan – diese Einschätzung teilt er wohl mit den meisten Besuchern. Was New York wirklich ist, jenseits aller Mythen und Legenden, spürt man am besten bei einer Taxifahrt, wenn sich der mühsam Englisch radebrechende Fahrer umdreht und fragt, woher man denn komme. Da es nicht New York sein kann, wird man nur ein mitleidiges Lächeln ernten, gefolgt von einem Fluchen über den Verkehr, die verrückten Leute – über alles. Fragt man ihn dann aber, ob er denn gern hier lebt, beginnen seine Augen zu glänzen: »Yeah, man, this is NEW YORK!«

NEW YORK

Links: Blick von Brooklyn Heights auf die Skyline an der Südspitze Manhattans. Die Skyline von Manhattan wirkt sicherlich zu jeder Tages- oder Nachtzeit eindrucksvoll, bei Sonnenuntergang aber ist sie einfach überwältigend (unten). In jüngster Zeit ist das neue One World Trade Center der markante Punkt, denn es ist das höchste Gebäude der Vereinigten Staaten und das vierthöchste der Welt.

NEW YORK

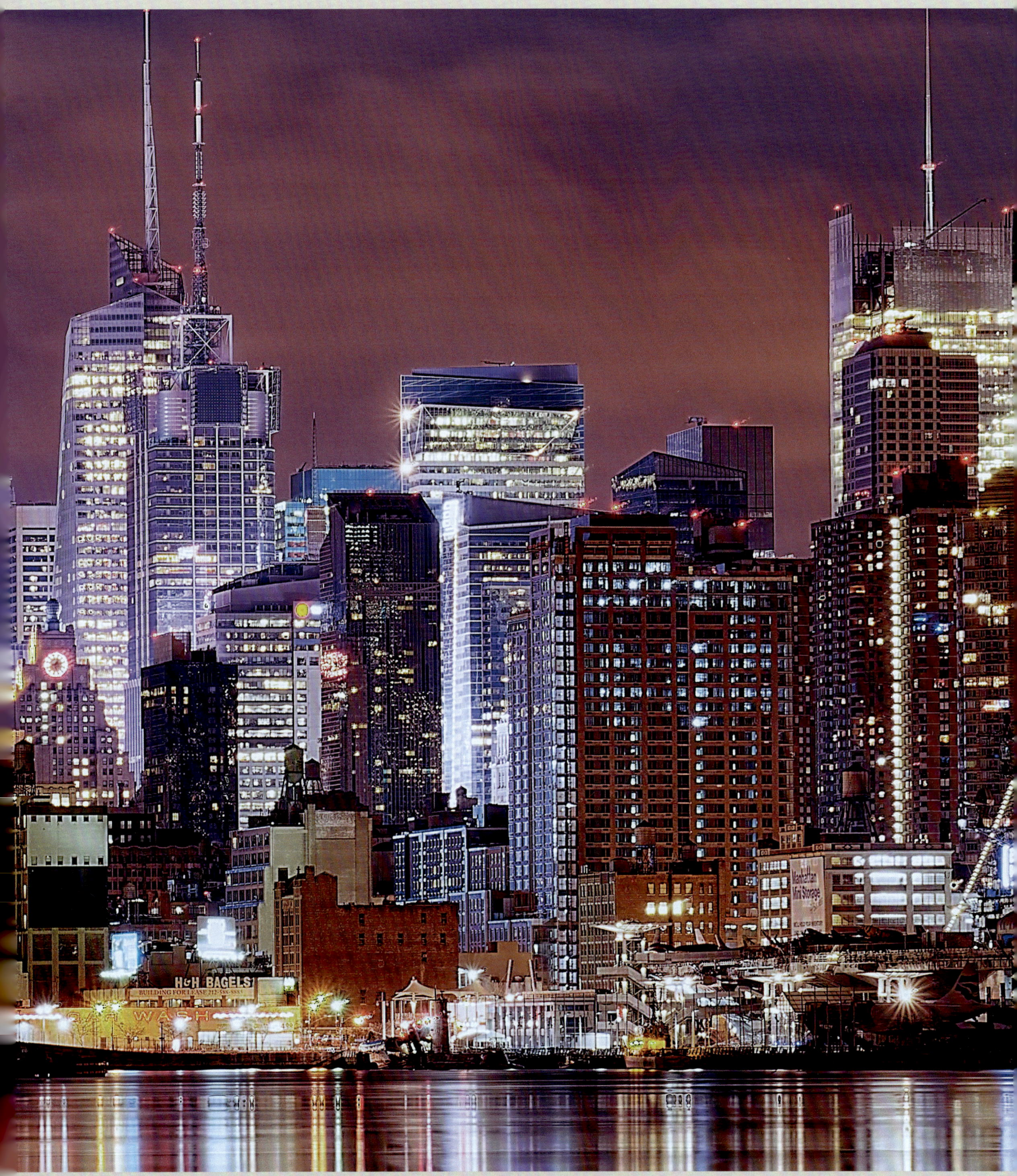
H&H BAGELS
Manhattan Mini Storage

NEW YORK: STATUE OF LIBERTY

Das berühmteste Freiheitssymbol der USA ist ein Geschenk der Franzosen: Auf einer Dinnerparty, die im Jahr 1865 in Paris stattfand, wetterte der Rechtswissenschaftler Édouard René Lefebvre de Laboulaye gegen Napoleon III. Weil er den absolutistisch herrschenden Regenten ärgern wollte, kam er auf die Idee, den Amerikanern eine Statue zu schenken, die seine Begeisterung für die amerikanische Revolution ausdrücken sollte – »die Vollendung der Französischen Revolution jenseits des Atlantiks«. Entworfen wurde die Statue von dem Bildhauer Frédéric-Auguste Bartholdi, einem Freund de Laboulayes. Am 28. Oktober 1886 konnte sie auf Bedloe's Island im New Yorker Hafen enthüllt werden.

»Bring mir deine Müden, deine Armen, deine zusammengekauerten Massen, die sich nach Freiheit sehnen, / Den erbärmlichen Abfall deiner überfüllten Küsten, / Schick sie mir, die Obdachlosen, vom Sturm Gepeitschten. / Ich erhebe mein Licht neben der goldenen Pforte!« Mit dieser Inschrift begrüßt »Miss Liberty« die Ankömmlinge im New Yorker Hafen.

NEW YORK: ELLIS ISLAND

Über 15 Millionen Menschen wanderten 1892 bis 1954 über Ellis Island, einer der Südspitze Manhattans vorgelagerten Insel, nach Amerika ein. Bevor sie den begehrten Stempel erhielten, mussten sich alle Immigranten in einem roten Backsteinbau – einem ehemaligen Munitionsdepot – einer mehrteiligen Prüfung unterziehen lassen. Das Immigration Museum erinnert an diese Zeit. Vom Gepäckraum bis in den zweiten Stock, wo die medizinischen Untersuchungen stattfanden, folgt man dem Weg der Einwanderer. Im Registry Room warteten täglich über 5000 Menschen auf ihre Abfertigung. Mehr als 2,5 Millionen Menschen kamen aus Italien, fast zwei Millionen aus Russland und immerhin knapp 700 000 aus Deutschland. Zwei Prozent der Bewerber wurden abgelehnt, 3000 enttäuschte Menschen begingen Selbstmord, weil sie nicht mehr in ihre Heimat zurückkehren wollten.

Im Einwanderermuseum auf Ellis Island wurden Porträtfotos hoffnungsfroher Immigranten zu Streifen einer amerikanischen Flagge arrangiert. Zu den im Museum aufbewahrten Memorabilien gehören auch alte Gepäckstücke.

NEW YORK: STATUE OF LIBERTY

NEW YORK: ELLIS ISLAND

NEW YORK: SOUTH STREET SEAPORT HISTORIC DISTRICT

Das alte Hafenviertel zwischen der Water Street und dem East River steht heute unter Denkmalschutz. Mitte der 1960er-Jahre hatte eine Bürgerinitiative namens »South Street Museum« begonnen, im alten Hafen verfallende Gebäude aufzukaufen und Schiffe zu sammeln. Etwa zehn Jahre später entwickelte man ein Konzept, um die Gegend in einen lebendigen Distrikt mit restaurierten und neuen Gebäuden, Museen, Shops sowie – zum Teil als Museumsschiffe zu besichtigenden – alten Segelschiffen zu verwandeln. Die im Jahr 1813 entstandene Schermerhorn Row mit ihren Lagerhäusern und Kontoren ist das Schmuckstück des Hafens. Das Fulton Fish Market Building wurde zur Shopping Mall, ein kleiner Leuchtturm erinnert an den Untergang der Titanic. Pier 17 bietet Läden und Restaurants auf drei Etagen – und einen fantastischen Blick auf die Brooklyn Bridge.

NEW YORK: SOUTH STREET SEAPORT HISTORIC DISTRICT

Der East River verbindet den Long Island Sound mit der New York Bay – wegen des Gezeitenhubs fließt das Wasser so schnell, dass es auch im Winter meist eisfrei bleibt. Das erklärt die Bedeutung des Hafens als Ankerplatz zur Zeit der Holzschiffe, die heute am Pier 17 liegen (links). Das Fulton Market Building (unten) erinnert an den gleichnamigen Fischmarkt, der seit dem Jahr 2005 in der Bronx beheimatet ist.

NEW YORK: WALL STREET, NEW YORK STOCK EXCHANGE (NYSE)

Das Zentrum des New Yorker Financial District markiert die Wall Street, die genau dort verläuft, wo die Holländer im Jahr 1653 einen Holzwall errichteten, um sich vor Überfällen zu schützen. Die Idee, New York zum Mittelpunkt des Wertpapierhandels zu machen, hatte Alexander Hamilton, der erste Finanzminister des Landes. Um die im Unabhängigkeitskrieg angehäuften Schulden abzutragen, ließ er Schuldscheine ausgeben. Obwohl die Wall Street auf diese Weise zum Synonym für den Geldhandel wurde, residiert die Börse nicht dort, sondern »gleich um die Ecke«, zwischen Wall Street und Exchange Place an der Broad Street. Über den korinthischen Säulen der Fassade symbolisiert ein »Integrity Protecting the Works of Man« betiteltes, im Jahr 1936 aus Marmor gefertigtes und später als Replik mit Blei überzogenes Relief die Börse als Spiegel des Volksvermögens.

NEW YORK: WALL STREET, NEW YORK STOCK EXCHANGE (NYSE)

Die Fassade der von George B. Post entworfenen, im Jahr 1903 errichteten New Yorker Börse erinnert an einen Tempel (unten). Bis zum Jahr 2005 verständigten sich die Händler der New Yorker Börse durch Zuruf auf dem Börsenparkett, erst dann installierte man ein elektronisches Handelssystem (links der 3D Trading Floor). Seit 9/11 sind im Inneren keine Besucher mehr zugelassen.

NEW YORK: ONE WORLD TRADE CENTER (FREEDOM TOWER)

Die beiden 110 Stockwerke hohen Twin Towers gehörten zu einem Komplex aus sieben unterirdisch miteinander verbundenen Bürogebäuden. Nach ihrer Fertigstellung (1974) waren diese 415 und 417 Meter hohen Türme einige Wochen lang die höchsten Gebäude der Welt. Zwölf Jahre nach 9/11, seit dem Richtfest am 10. Mai 2013, steht nun wieder hier an der Südspitze Manhattans der höchste Wolkenkratzer der westlichen Welt: Der von David Childs entworfene Bau ist 1776 Fuß (über 541 Meter) hoch – eine Anspielung auf das Jahr der amerikanischen Unabhängigkeitserklärung. Statt der ursprünglichen Bezeichnung, »Freedom Tower«, entschied man sich, den Turm schlicht nach seiner Adresse, One World Trade Center (1 WTC), zu benennen. Das verdeutlich die Sehnsucht vieler New Yorker nach »Normalität« – mindestens aber nach einem Blick nach vorn.

NEW YORK: ONE WORLD TRADE CENTER (FREEDOM TOWER)

Das neue Wahrzeichen von New York überragt alle bisherigen Wolkenkratzer der Stadt: Mit seinen über 541 Metern Höhe ist das 1 WTC nicht nur das höchste Gebäude der USA, sondern auch das der gesamten westlichen Welt. Die Grundsteinlegung fand 2004 statt, in zehnjähriger Bauzeit wurde das Gebäude am Ground Zero errichtet, das den neuesten Sicherheitsstandards entspricht.

NEW YORK: NATIONAL SEPTEMBER 11 MEMORIAL AND MUSEUM

Wo einst die berühmten Twin Towers des World Trade Centers emporragten, zeichnen heute zwei riesige Becken die Umrisse der beim Terroranschlag am 11. September 2001 zerstörten Zwillingstürme nach. Wassermassen fließen neun Meter in die Tiefe, rund um die Becken wurden die Namen von 2983 Opfern – Männer, Frauen und Kinder, die in den einstürzenden Türmen sowie bei einem vorangegangenen Anschlag am 26. Februar 1993 ums Leben kamen – in Bronze eingraviert. Rund um die Becken recken sich 400 Bäume in den Himmel über Manhattan – darunter auch jener »Überlebensbaum«, der bei den Aufräumarbeiten auf dem Gelände von Ground Zero gefunden wurde. Dabei handelt es sich um eine Chinesische Wild-Birne (Pyrus calleryana), die 9/11 entwurzelt, verbrannt und mit gebrochenen Ästen – aber doch noch lebend – überstanden hatte.

NEW YORK: NATIONAL SEPTEMBER 11 MEMORIAL AND MUSEUM

2014 eröffnete das Museum der Gedenkstätte. Durch einen gläsernen Kubus wird der Besucher immer tiefer in den Untergrund geleitet, bis er am Ende auf dem Fundament der Zwillingstürme steht, das sich unterhalb der Memorial Pools befindet. Ausgestellt werden neben Stahlträgern und Wrackteilen der Flugzeuge auch persönliche Gegenstände der Opfer der Terroranschläge, die in den Trümmern geborgen wurden.

NEW YORK: BROOKLYN BRIDGE

Die Brücke überspannt den East River und verbindet Manhattan mit Brooklyn. Sie wurde im Mai 1883 nach 16-jähriger Bauzeit eingeweiht. Ohne Zufahrten ist sie 1052 Meter, insgesamt 1825 Meter lang. Bereits am Eröffnungstag überquerten sie mehr als 150 000 Menschen. Um skeptische Zeitgenossen von der Stabilität des Bauwerks zu überzeugen, schickte der Circus Barnum eine ganze Elefantenherde über die Brücke. Verantwortlich für die Planung war der deutsche Architekt John August Roebling, der aber schon kurz nach dem Baubeginn bei einem Unfall starb. Sein Sohn Washington und dessen Ehefrau Emily stellten sich nach seinem Tod der Herausforderung und beaufsichtigten den weiteren Bau der Brooklyn Bridge – die erste Hängebrücke, für die Stahlseile verwendet wurden. Alles in allem verarbeitete man für dieses epochale Bauwerk rund 24 000 Kilometer Draht.

NEW YORK: BROOKLYN BRIDGE

Bei ihrer Eröffnung galt die Brooklyn Bridge als Weltwunder der Ingenieurskunst, zugleich war sie damals die längste Hängebrücke der Welt. Für Flaneure entwarf man einen »Elevated Pleasure Walk«, einen hölzernen Fußgängersteg über der Fahrbahn – die schönste Promenade der Stadt. Einen besonders schönen Blick auf die Brooklyn Bridge und die Skyline von Manhattan hat man vom Clock Tower Building in Brooklyn.

MID-ATLANTIC STATES

NEW YORK: TRIBECA

TriBeCa (»Triangle Below Canal Street«, das »Dreieck unterhalb der Canal Street«) ist ein gutes Beispiel dafür, wie sich New York ständig neu erfindet: Mitte der 1970er-Jahre noch ein heruntergekommener, »Lower West Side« genannter Industriebezirk mit vielen sozialen Problemen, erkannte ein Immobilienmakler das Potenzial der vielen leer stehenden Fabrik- und Lagerhallen und erfand auch gleich das neue Namenskürzel. Seine Rechnung ging auf: TriBeCa wurde »in«, viele Künstler aus dem benachbarten SoHo richteten sich hier, als die Mieten noch vergleichsweise billig waren, Ateliers, Studios und Proberäume ein. Inzwischen ist TriBeCa nicht mehr nur chic, sondern auch teuer und die Szene längst weitergezogen. Heute gibt es im Straßendreieck zwischen West Broadway, Canal West und Chambers Street weniger Galerien als Restaurants – davon allerdings die besten der Stadt.

Hollywoodstar Robert de Niro setzte sich für die Entwicklung von TriBeCa ein. Er war die treibende Kraft hinter dem jährlich stattfindenden TriBeCa Film Festival und brachte mit dem Restaurant Nobu feinste japanische, mit einem Michelin-Stern geehrte Cuisine hierher (rechts).

NEW YORK: CHINATOWN

Die chinesische Enklave südlich der Canal Street ist heute die Heimat von rund 200 000 Chinesen und die größte asiatische Siedlung außerhalb Asiens. Chinesische Schriftzeichen bestimmen das Bild, aus den Restaurants weht der Duft von glasierten Enten und exotischen Gemüsen. Mit rund 170 Restaurants, über 300 (dank Billiglohn) florierenden Textilbetrieben und sieben chinesischen Tageszeitungen behauptet Chinatown sich als eigenständige Metropole in Manhattan. In der Mott Street findet man den Buddhist Temple of America. Die Church of the Transfiguration, 1801 gebaut und seit dem Jahr 1850 katholisch, war einst ein Zufluchtsort für die irischen und italienischen Einwanderer und hat seit 1970 einen chinesischen Pfarrer. In der Doyers Street liegt der berüchtigte »Bloody Angle« – um 1904 ein Kampfplatz für verfeindete chinesische Straßenbanden (»Tong-Kriege«).

Manhattans Chinatown entstand in den 1870er-Jahren zwischen den Straßen Canal, Baxter, Worth, Park und Bowery, ist aber längst darüber hinaus gewachsen und heute eine »Stadt in der Stadt«. Im Norden hat sie schon einen Großteil von Little Italy okkupiert.

NEW YORK: SOHO

In New York bestehe die Rolle des Künstlers darin, soll der frühere Bürgermeister Ed Koch einmal gesagt haben, »dass er ein Viertel so attraktiv macht, dass es sich die Künstler nicht mehr leisten können«. Und die Rolle des Immobilienmaklers besteht darin, so ließe sich hinzufügen, das Ganze so attraktiv wie möglich zu verpacken: Wie TriBeCa ist auch das Namenskürzel »SoHo« (»South of Houston«) eine nicht zuletzt kommerziell motivierte, wohlklingende Neuschöpfung – für das früher unter dem Namen »South Village« bekannte Industriegebiet südlich der Houston Street. In den 1960er-Jahren wandelte sich das damals weitgehend dem Verfall anheimgegebene Gebiet in einen beliebten Ort für Künstler und Lebenskünstler, die leer stehende Dachateliers und verlassene Fabrikhallen bezogen – bis sich der schon eingangs zitierte Satz von Ed Koch schließlich auch in SoHo bewahrheitete.

Daumen hoch für ein Viertel im Aufwind: In SoHo warten Galerien und originelle Antique Shops auf Besucher. Die interessantesten Läden findet man in der Prince Street, am West Broadway und in der Spring Street. Hier wetteifern die Schaufenster und die Auslagen um Kundschaft.

NEW YORK: LITTLE ITALY

»Ich wuchs heran in einer Welt, die mehr europäisch war als amerikanisch«, meinte der Regisseur Martin Scorsese einmal. Wie sein langjähriges schauspielerisches Alter Ego, Robert De Niro, wuchs Scorsese in Little Italy auf. Seine Großeltern waren sizilianische Bauern, die weder lesen noch schreiben konnten. Scorsese wurde von ihnen aufgezogen, die wie viele Süditaliener im 19. Jahrhundert aus ärmlichen Verhältnissen nach New York ausgewandert waren, wo in dem damals von der Canal Street bis zur Houston Street reichenden Viertel ungefähr 40 000 Italiener lebten. Eine Welt für sich, die es so nicht mehr gibt oder nur noch im Film: Little Italy gehört heute zu den kleinsten ethnischen Vierteln Manhattans. In gerade mal vier Blocks sind noch etwa 5000 Italiener zu Hause – alle anderen sind weitergezogen, nach Brooklyn etwa oder in die Bronx.

Der Mythos lebt – auch wenn »Little Italy« von der sich beständig ausbreitenden Chinatown immer mehr verdrängt wird. Vor allem in den Restaurants und kleinen Läden hat sich noch der ursprüngliche Charakter der italienischen Enklave bewahrt.

NEW YORK: CHELSEA UND MEATPACKING DISTRICT

Chelsea, im Südwesten von Manhattan, war bis Mitte des 18. Jahrhunderts noch Farmland. Doch bald entstanden auf den Feldern und in den Obstgärten billige Wohnhäuser und Lagerhallen. Das Viertel war schäbig und der Umgangston rau – bis im 20. Jahrhundert die Trendsetter der New Yorker Homosexuellenszene Chelsea für sich entdeckten. Schauspieler, Schriftsteller, Maler sowie Musiker verwandelten die alten Lagerhallen in schicke Lofts. Unten residieren Galerien zeitgenössischer Kunst, Edelboutiquen und Bars. An den Süden Chelseas grenzt der Meatpacking District. Diese Gegend galt bis etwa 1990 als New Yorks Schmuddelkind. In bis zu 250 Betrieben zerlegten und verpackten Arbeiter Rinder- und Schweinehälften. Heute gibt es Fleisch nur noch in angesagten Restaurants, perfekt gebraten und angerichtet. Das Viertel um die Gansevoort Street ist hip geworden.

NEW YORK: CHELSEA UND MEATPACKING DISTRICT

Inzwischen gibt es im Meatpacking District, dessen dunkle Straßen die Schönen und Reichen noch vor wenigen Jahren gemieden hätten, mehr Nobelshops als Metzger (Bilder unten). Wer sich einfach treiben lassen möchte, schlendert in Chelsea durch die Straßen und stöbert in Buchshops, Boutiquen oder in Schallplattenläden. Ideal ist es, wenn man »mittendrin« im Chelsea Hotel nächtigt (links).

MID-ATLANTIC STATES 79

NEW YORK: MIDTOWN

Im zentralen Manhattan spürt man den Puls der Zeit. Gigantische Wolkenkratzer wie das Empire State Building, das Chrysler Building und der – dem Tanz um das Goldene Kalb ein grandioses (Einkaufs-)Zentrum gebende – Trump Tower bilden tiefe Straßenschluchten. Hinzu kommen historische Gebäude wie der Grand Central Terminal und die New York Public Library, die an die überaus wechselvolle Geschichte dieser Stadt erinnern. An der Fifth Avenue treibt der Luxus fröhlich Blüten, und am Times Square wie am Broadway flackern sogar tagsüber viele Neonlichter. Vielleicht sollte man sich New Yorks Skyline wie eine Diva vorstellen, die schon ein bisschen in die Jahre gekommen ist, dabei aber nichts an Grandezza verloren hat. Sehr elegant und ein bisschen verletzlich zugleich, zeigt sie uns nicht nur das Antlitz dieser Stadt, sondern auch das Antlitz einer unaufhaltsam vergehenden Zeit.

NEW YORK: MIDTOWN

Lichter der Großstadt: Chrysler und Empire State Building sind markante Antipoden in einer grandiosen Hochhauskulisse, deren Anblick nur übertroffen wird vom Gefühl, endlich einzutauchen in das zentrale Manhattan, wo das Herz der Stadt am lautesten und heftigsten schlägt. Die Skyline von Midtown Manhattan ist Fluchtpunkt der Träume und Sehnsüchte zugleich.

NEW YORK: EMPIRE STATE BUILDING

Nach dem Einsturz des World Trade Centers war das 381 (mit Antennenmast fast 449) Meter hohe Empire State Building wieder das höchste Gebäude New Yorks – bis zur Eröffnung des 1 WTC. Bis zu 3400 Arbeiter, darunter viele Mohawkindianer, waren am Bau des von den Architekten Schreve, Lamb & Harmon geplanten Wolkenkratzers beteiligt. Zur Eröffnung am 1. Mai 1931 drückte der damalige US-Präsident Herbert Hoover im Weißen Haus in Washington auf einen Knopf, damit im Empire State Building in Manhattan die Lichter angingen. Offiziell ist das Gebäude zwar 102 Stockwerke hoch, allerdings enthalten nur 85 davon Nutzflächen, die vermietet werden können. Darüber befinden sich die Aussichtsplattform im 86. Stock und eine Kuppel, die ursprünglich einmal zum Festmachen für Luftschiffe gedacht war. Wegen der gefährlichen Aufwinde wurde dieser Plan dann aber nicht realisiert.

NEW YORK: EMPIRE STATE BUILDING

Nachts wird das Empire State Building stimmungsvoll illuminiert (großes Bild); nur wenn Zugvögel unterwegs sind, schaltet man die Beleuchtung ab, damit die Tiere nicht gegen das Gebäude fliegen. An nationalen Feiertagen erstrahlt das Gebäude in den Nationalfarben. In der Lobby erwarten den Besucher Marmorverkleidung und Art-déco-Glanz (links). Unten rechts: Dekor am Haupteingang.

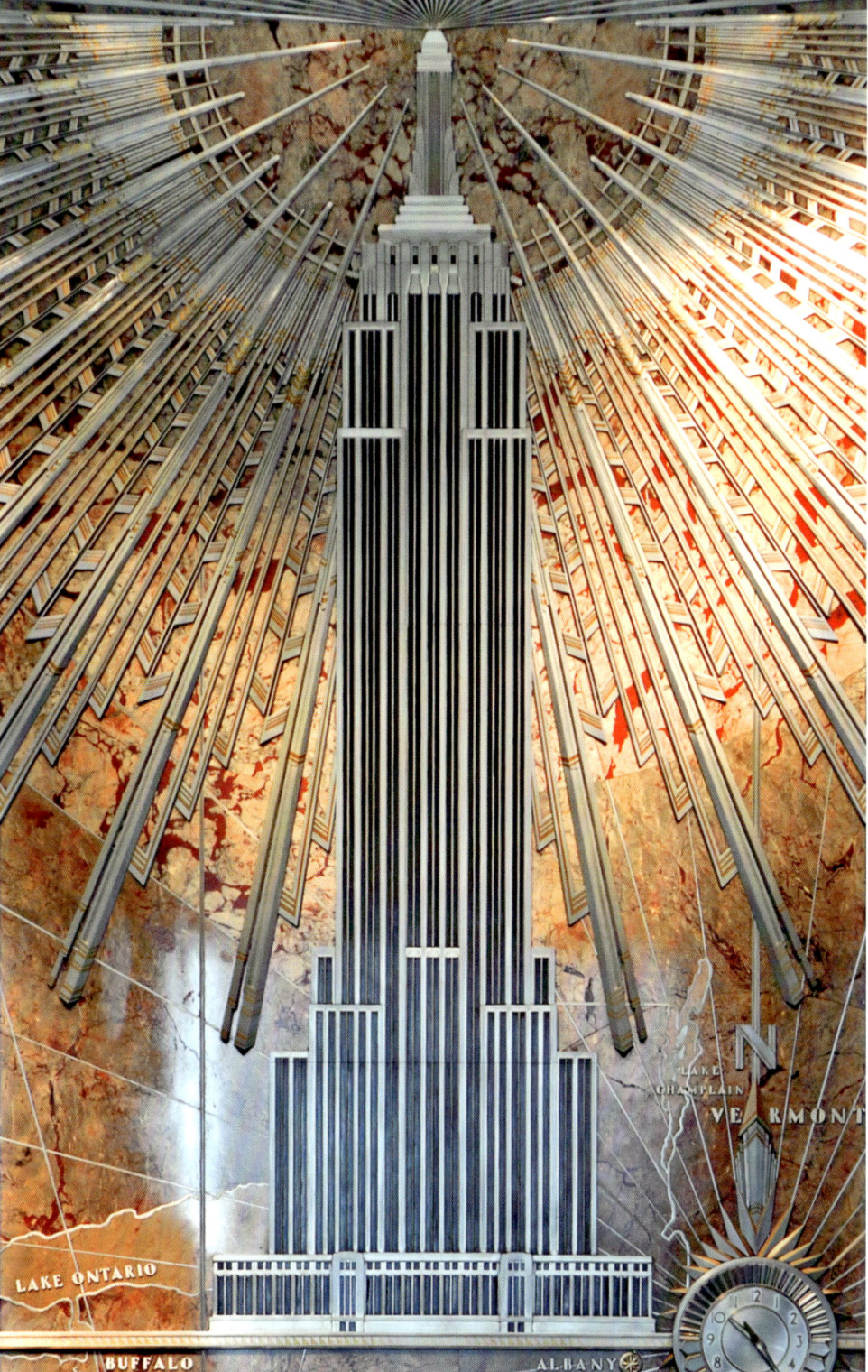

MID-ATLANTIC STATES

NEW YORK: GRAND CENTRAL STATION

Das Grand Central Terminal, in seiner heutigen Form im Jahr 1913 nach mehrjähriger Bauzeit eröffnet, ist der größte und geschäftigste Bahnhof der Welt. Das Gebäude wurde im Beaux-Arts-Stil erbaut sowie mit Barock- und Renaissanceelementen ausgeschmückt. Für den Haupteingang an der East 42nd Street orientierte man sich an einem römischen Triumphbogen. Korinthische Säulen stützen die riesigen Bogenfenster. In der Mitte erinnert eine Bronzestatue an den »Commodore« genannten Eisenbahnmagnaten Cornelius Vanderbilt, dem einstmals mehr als ein Dutzend Eisenbahnlinien gehörten, die er zum »New York Central System« zusammenschloss, und dessen Enkel diesen Bahnhof errichten ließ. In der äußerst prunkvollen, zwölf Stockwerke hohen Haupthalle, die an ein römisches Bad erinnern soll, wölbt sich ein künstlicher Sternenhimmel über dem gefliesten Boden.

In der »himmlisch überwölbten« Haupthalle (rechts) pulsiert das Leben. Den Haupteingang an der East 42nd Street (unten) krönen drei Skulpturen, die Merkur, Herkules und Minerva verkörpern.

NEW YORK: CHRYSLER BUILDING

Von Anfang an war das im Jahr 1930 errichtete Chrysler Building nicht etwa für Büros der gleichnamigen Autofirma gedacht, sondern als Denkmal für deren Eigentümer Walter P. Chrysler, dessen Karriere einst in einer Maschinenhalle der Union Pacific Railroad begonnen hatte. So steil, wie die Karriere des bald in die Autoindustrie wechselnden Chryslers verlief, so steil sollte auch »sein« Wolkenkratzer in den New Yorker Himmel ragen und keinesfalls nur der schönste, sondern auch der größte sein. Ersteres ist dem Architekten William van Alen nach Meinung der meisten New Yorker durchaus gelungen. Um auch das zweite Etappenziel zu erreichen, lieferte sich van Alen mit seinem früheren – nun für die Bank of Manhattan Company das höchste Gebäude der Welt planenden – Partner H. Craig Severance ein erbittertes, fintenreiches Höhenrennen, das er dann letztlich auch gewann.

Im Wettrennen um das höchste Gebäude der Welt arbeitete man mit allen Tricks: So wurde die 55,50 Meter lange Spitze heimlich im Inneren angefertigt und zuletzt aufgesetzt. Mit 319 Meter Höhe erreichte man für ein Jahr das Ziel.

NEW YORK: GRAND CENTRAL STATION

NEW YORK: CHRYSLER BUILDING

NEW YORK: UNITED NATIONS HEADQUARTERS

Die Mitglieder der Vereinten Nationen (UN), der Nachfolgeorganisation des Völkerbundes, haben sich gemeinsamen Zielen verschrieben – dem Erhalt des Weltfriedens und dem Schutz der Menschenrechte. Ihr Hauptquartier steht auf internationalem Territorium am Ufer des East River, wo sich einst ein Schlachthofviertel befand: John D. Rockefeller, Jr. kaufte das Areal und schenkte es den Vereinten Nationen. Die USA gewährten einen unverzinsten Kredit in Höhe von 67 Millionen US-Dollar; so entstand in den Jahren 1947 bis 1950 nach den Plänen eines international zusammengesetzten Architektenkomitees, zu dem unter anderem Le Corbusier, Oscar Niemeyer und Sven Markelius gehörten, der schmucklose Turm, in dem das Sekretariat der UN seinen Sitz hat. Später kamen dann noch das als Auditorium der Generalversammlung dienende General Assembly Building und weitere Bauten hinzu.

NEW YORK: UNITED NATIONS HEADQUARTERS

Die Generalversammlung (unten links mit Barack Obama am Rednerpult) tritt jedes Jahr im September zusammen, um u. a. den Haushaltsplan der Vereinten Nationen zu prüfen und zu genehmigen. Mächtigstes Organ der UN ist der Sicherheitsrat (unten rechts der Sitzungssaal mit dem die Erde nach dem Zweiten Weltkrieg symbolisch als einen aus der Asche aufsteigenden Phönix zeigenden Wandbild von Per Krogh).

SHOWTIME: LIVE ON AND »OFF« BROADWAY

Wenn es einen Geburtsort für das Showbusiness gibt, dann findet man ihn hier in New York. Schon während der ersten großen Einwanderungswellen galten Theateraufführungen als eine willkommene Abwechslung für die vom Alltag geplagten Immigranten. Die Theater boten ihnen eine zweite Heimat, zumal viele Stücke in ihrer Muttersprache präsentiert wurden. Anfangs traten nur Amateure auf; 1750 wurde im New Theater an der Nassau Street mit Shakespeares »Richard III.« die erste professionelle Vorstellung gegeben. Im 19. Jahrhundert kam dann die große Zeit der Vaudeville-Shows, bei denen sich Schauspiel und Musik, Komödiantisches und Zirzensisches miteinander verbanden. Die eigentliche Ära des Broadway begann erst zu Beginn des 20. Jahrhunderts, als nach und nach immer mehr Theater in die Gegend rund um den Times Square umzogen – damals das Zentrum des New Yorker Nachtlebens. Schon im Jahr 1893 war zunächst das Empire Theater vom Herald Square an den Broadway umgezogen, bis 1930 öffneten dort weitere Theater wie das New Lyceum. Nach einer Krise in den 1980er-Jahren knüpfte man mit spektakulären Musicals wie »Cats«, »The Phantom of the Opera« oder »The Lion King« wieder an die alten Erfolge an. Derzeit gibt es hier rund 40 große und eine Vielzahl kleinerer Theater.

SHOWTIME: LIVE ON AND »OFF« BROADWAY

Der von der Battery im südlichen Manhattan bis nach Yonkers und Albany in Upstate New York führende Broadway durchbricht als am heftigsten pulsierende Lebensader der Metropole das übliche Schachbrettmuster der Straßen und bahnt sich als große Diagonale seinen Weg durch den Großstadtdschungel, wo er rund um den Times Square im Lichtermeer der Broadway-Shows seinen gleißenden Höhepunkt erlebt.

WHERE MAXIMUM PERFORMANCE LIVES
maxell
www.maxell.com
THEIR TIME OUR TIME
RAGTIME
THE MUSICAL
TOUS
"THIS FEEL-GOOD MUSICAL IS A PHENOMENON!"
"A WORLDWIDE MEGA-HIT!"
MAMMA MIA!
THE SMASH HIT MUSICAL
ABBA
WINTER GARDEN THEATRE
1634 BROADWAY AT 50TH STREET
"THE WORLD'S MOST POPULAR MUSICAL"
IS COMING
NOW OPEN
DURACELL
THE FUTURE OF POWER IS HERE
McDonald's
Restaurant
FRIDAY'S
LAMAR
LG

NEW YORK: TIMES SQUARE

NEW YORK: TIMES SQUARE

Das Herz von New York schlägt am Times Square. Aus dem ehemaligen Sündenpfuhl der Metropole ist eine keimfreie Konsumfläche à la Disney World geworden. Gewaltige Shoppingkomplexe und »Themenrestaurants« bestimmen den ehemaligen Schmuddelplatz. Verschwunden sind Taschendiebe, Drogendealer und leichte Mädchen, fast schon vergessen die »Triple X«-Reklamen der Pornoläden und Peepshows. Um das Jahr 1900 ging es auf dem Platz noch ländlich zu: Damals hieß er »Longacre Square«, war ein Abstellplatz mit Pferdeställen und Scheunen. Erst im Jahr 1904 bekam er den Namen »Times Square«, zu Ehren der damals schon angesehenen »New York Times«, die dort ein riesiges Bürohaus errichten ließ. Seit 1928 flackern Nachrichten aus aller Welt über das berühmte Laufband an der Fassade; die Redaktion selbst arbeitet allerdings heute in der 43rd Street.

NEW YORK: TIMES SQUARE

Mit Ausnahme der 7th Avenue als einziger noch durchgängig befahrbarer Straße wurde der Times Square 2009 zur Fußgängerzone umgewandelt. Taxifahrern ist diese »verkehrsberuhigte Zone« noch immer ein Dorn im Auge; die meisten anderen gewöhnen sich allmählich daran. Mittlerweile ist der Platz sogar zur rauchfreien Zone erklärt worden und zahlreiche Metallsitze laden zum Verweilen ein.

NEW YORK: TIMES SQUARE

MID-ATLANTIC STATES 94

RS
By Sheckler
2009
UFC 107
PENN vs SANCHEZ
SAT. DECEMBER 12
LIVE ON PAY-PER-VIEW
Kodak
Kodak
it's time to smile
THE LION KING
Levi's
Levi's
Panasonic
YAHOO!
MARQUIS
WHITE CHRISTMAS
ONE WAY
ONE WAY
DO NOT ENTER
DO NOT ENTER

NEW YORK: ROCKEFELLER CENTER

Der riesige Wolkenkratzerkomplex zwischen 47th und 50th Street wurde in den 1930er-Jahren von einem hochkarätig besetzten Architektenteam unter der Leitung von Raymond Hood für John D. Rockefeller, Jr. errichtet. In dem später noch mehrfach erweiterten Komplex sind Büros, Fernsehstudios, Restaurants und Läden untergebracht. Im Zentrum des Rockefeller Centers steht das im Jahr 1933 fertiggestellte, knapp 260 Meter hohe GE (General Electric) Building (nicht zu verwechseln mit dem ehemaligen General Electric Building in der Lexington Avenue). Zu General Electric gehört auch der Fernsehsender NBC, dessen »Today«-Show jeden Morgen zwischen 7.00 und 9.00 Uhr in einem gläsernen Studio des GE Buildings über die Bühne geht. Diese Show wurde am 14. Januar 1952 erstmals ausgestrahlt und gilt als das älteste TV-Informationsprogramm der Welt.

NEW YORK: ROCKEFELLER CENTER

Das Rockefeller Center (links die von Paul Manships Prometheusstatue bewachte, im Winter zur Eisbahn umfunktionierte Rockefeller Plaza) ist der größte vergleichbare Komplex in privater Hand und gehört heute der Immobilienfirma Tishman Speyer. Das zentrale Gebäude ist das GE (General Electric) Building (unten rechts). Die Atlasstatue (unten links) schufen Lee Lawrie und Rene Paul Chambellan im Jahr 1937.

NEW YORK: FIFTH AVENUE

Die Fifth Avenue beginnt am Washington Square in Greenwich Village, führt durch Midtown sowie am Central Park die Upper East Side entlang bis zum Harlem River und teilt die Straßen Manhattans in West und East. Auf ihren ersten Kilometern ließen bereits in der zweiten Hälfte des 19. Jahrhunderts wohlhabende New Yorker Familien – Astor, Forbes, Frick, Rockefeller, Vanderbilt und noch zahlreiche andere, die der Enge im südlichen Manhattan entrinnen wollten – ihre Villen errichten, was der Fifth Avenue schließlich den Beinamen »Millionaires' Row« einbrachte. Zu Beginn des 20. Jahrhunderts siedelten sich hier immer mehr Geschäfte an, was die heute vorwiegend am Central Park lebenden Reichen dazu bewog, weiter nach Uptown zu ziehen. Flagship-Stores weltbekannter Marken wie Apple, Armani, Cartier, Chanel, Escada, Prada, Tiffany und Versace ziehen nun die Besucher an.

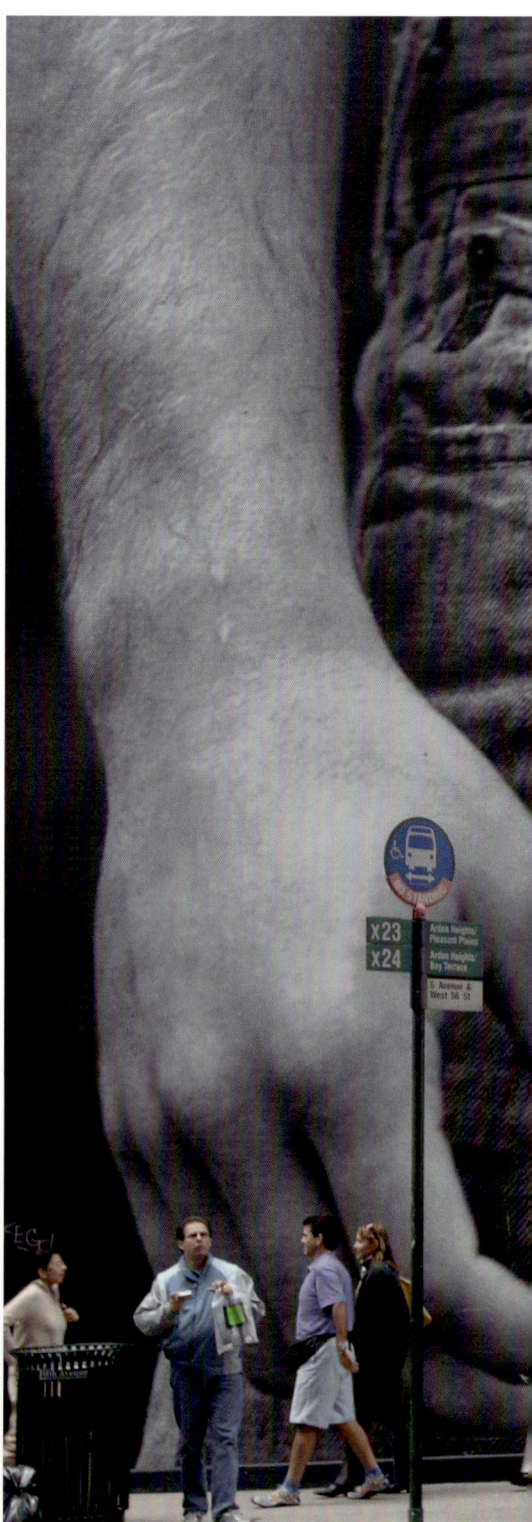

NEW YORK: FIFTH AVENUE

Noble Warenwelt an der Fifth Avenue, die von Nord nach Süd mitten durch die Wolkenkratzerschluchten Manhattans führt: Das meiste Interesse konzentriert sich auf den Abschnitt zwischen der 48th und der 59th Street – vor allem dort ballen sich die teuersten Geschäfte, die man mit »der« Fifth Avenue verbindet. An 365 Tagen im Jahr rund um die Uhr geöffnet hat der Apple Store (links, 767 Fifth Avenue).

NEW YORK: MUSEUM OF MODERN ART

Drei Freundinnen müsst ihr sein: Das Museum of Modern Art (MoMA) wurde 1929 von Abby Aldrich Rockefeller, Lillie P. Bliss und Mary Quinn Sullivan gegründet. Ein klarer Fall von Frauenpower also, auch wenn in der Museumshistorie bis heute beharrlich von »Mrs. Cornelius J. Sullivan« und »Mrs. John D. Rockefeller, Jr.« die Rede ist – einzig die unverheiratet gebliebene Lillie P. Bliss wird mit ihrem eigenen Vornamen erwähnt. Alle drei hatten sich als erfolgreiche Förderinnen der Künste (wie der Künstler) erwiesen; nun wollten sie ihrer Passion (und ihren Sammlungen) ein gemeinsames Heim – respektive ein Museum – geben. Dazu beriefen sie den Kunsthistoriker Alfred H. Barr, Jr. als Gründungsdirektor, mit dem sie 1939 das nach den Plänen von Philip Goodwin und Edward Durell Stone errichtete, nun von Yoshio Taniguchi umgebaute und erweiterte Museum einweihen konnten.

Das MoMA war als »the greatest museum of modern art in the world« (Alfred H. Barr, Jr.) angelegt: Zur Sammlung gehören Monets impressionistische »Wasserlilien« (um 1920, großes Bild). Bis zum Jahr 2004 wurde die Fläche auf rund 58 000 Quadratmeter fast verdoppelt.

NEW YORK: METROPOLITAN MUSEUM OF ART

Neben dem British Museum, dem Louvre und der Eremitage gehört das meist kurz »Met« genannte, ab 1870 nach Entwürfen von Calvert Vaux und Jacob Wrey Mould sowie Richard Morris Hunt errichtete, 1880 eröffnete und später noch mehrfach erweiterte Metropolitan Museum of Art zu den bedeutendsten Kunstmuseen der Welt. Mehr als zwei Millionen Exponate aus 5000 Jahren Kunstgeschichte machen die geografisch und chronologisch geordneten Sammlungen zu einem überwältigenden Erlebnis für den Besucher. Wo sonst kann man einen ägyptischen Tempel, ein Rembrandt-Selbstporträt und das Arbeitszimmer von Frank Lloyd Wright unter demselben Dach besichtigen? Apropos Dach: Neben Highlights wie diesen bietet das Met auf seiner Dachterrasse einen Skulpturengarten – und einen herrlichen Ausblick auf den Central Park mit der Skyline von Manhattan.

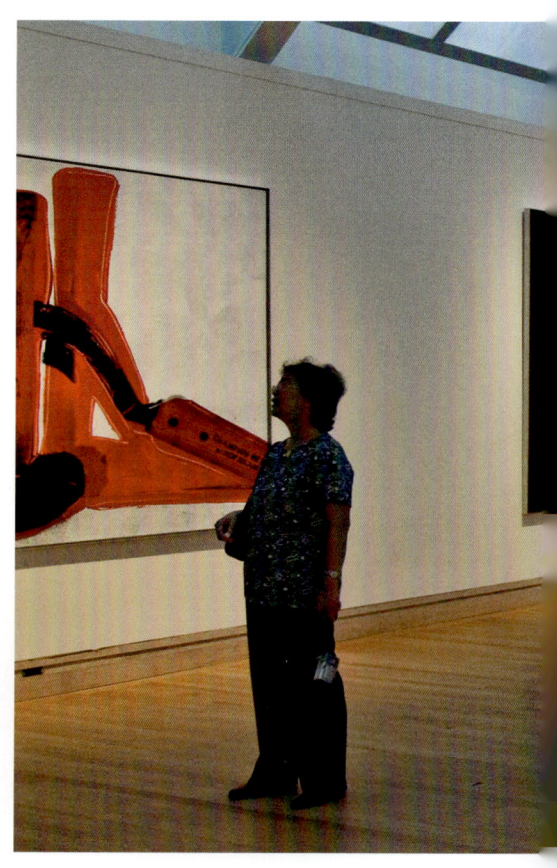

Mehr als fünf Millionen Besucher zählt das Museum im Jahr. Nicht immer scheint es dabei nur um Kunst zu gehen – so bestätigte keine Geringere als Michelle Obama bei der Eröffnung des Amerikanischen Flügels, dass sie das erste Date mit ihrem Mann im Museum hatte.

NEW YORK: MUSEUM OF MODERN ART

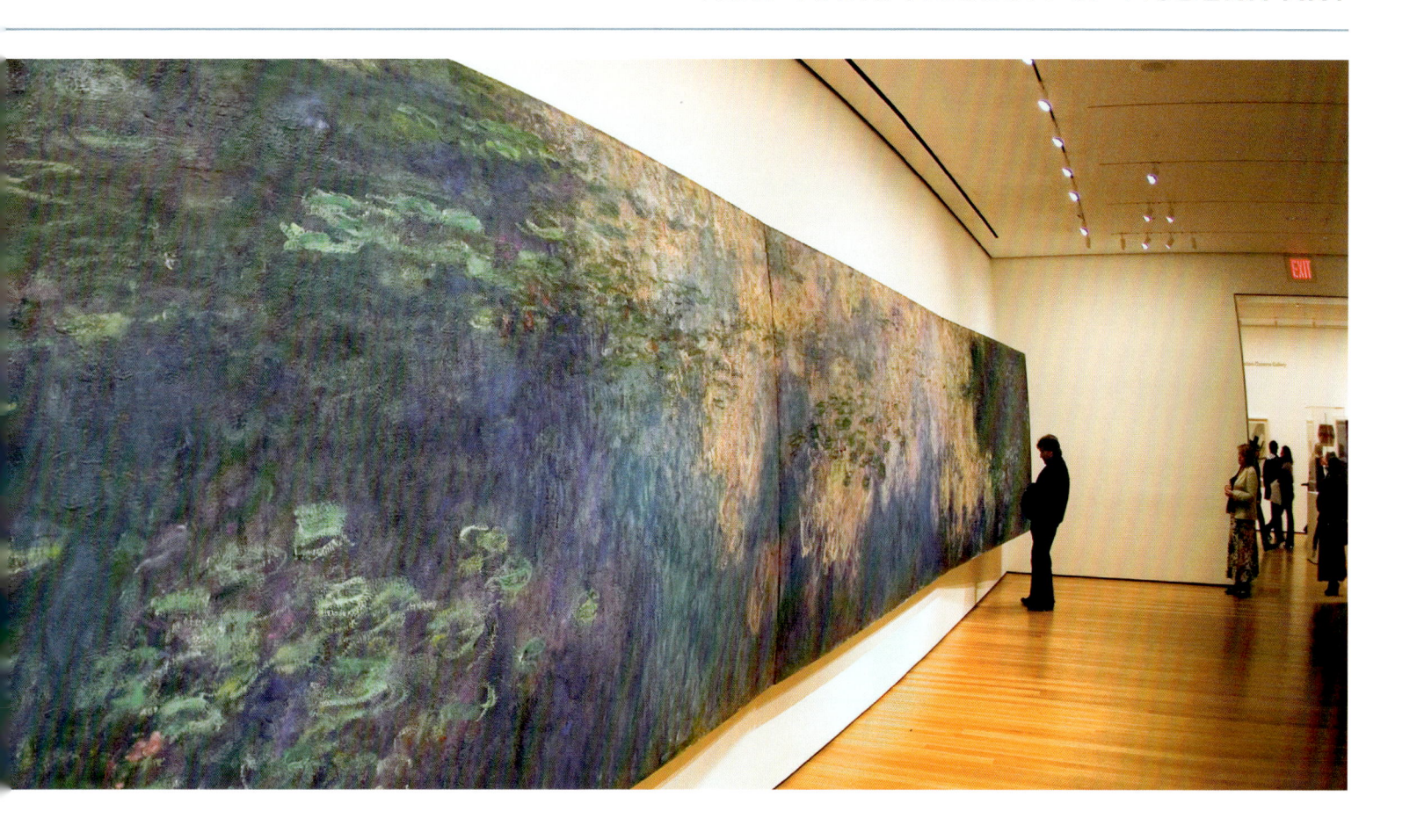

NEW YORK: METROPOLITAN MUSEUM OF ART

MID-ATLANTIC STATES 101

NEW YORK: SOLOMON R. GUGGENHEIM MUSEUM

Ein Schneckenhaus für die Kunst vom 19. bis zum 21. Jahrhundert? Weder Frank Lloyd Wright, der Architekt dieses originellen Museumsbaus, noch sein Auftraggeber Solomon R. Guggenheim, ein aus der Schweiz stammender Montanindustrieller, erlebten seine Eröffnung im Jahr 1959. So blieb ihnen auch die zum Teil herbe Kritik erspart, die das Museum anfangs auf sich zog: »Die Bilder entstellen das Gebäude, und das Gebäude entstellt die Bilder«, meinte etwa der Kunstkritiker der »Times«, John Canaday. 16 Jahre lang hatte es gedauert, bis der von außen einem auf dem Kopf stehenden Schneckenhaus gleichende Bau fertig war. Im Inneren verläuft eine spiralförmige, durch eine Glaskuppel von oben beleuchtete Rampe, entlang der man die Kunstwerke besichtigen kann. Heute gilt das in den 1990er-Jahren um einen Anbau erweiterte Museum längst als eine Architekturikone.

NEW YORK: SOLOMON R. GUGGENHEIM MUSEUM

Von außen wie von innen höchst beeindruckend: Frank Lloyd Wrights Museumsbau für die große Sammlung des Millionärs Solomon R. Guggenheim. Seine Rampe windet sich mit einer fünfprozentigen Steigung fünfmal um die 28,50 Meter hohe Rotunde im Inneren. Das Museum birgt eine der größten Kandinsky-Sammlungen; hinzu kommen unter anderem Werke von Chagall, Feininger, Manet, Marc, Miró, Mondrian, Picasso und Renoir.

NEW YORK: CENTRAL PARK

Mit dem Central Park, der ab 1858 im Norden von Manhattan entstand, erfüllte sich ein lebenslanger Traum des Landschaftsarchitekten Frederick Law Olmsted und seines Partners Calvert Vaux. Gemeinsam schufen sie eine grüne Lunge inmitten der unaufhörlich wachsenden Megalopolis, die sich heute von der 59th bis zur 110th Street erstreckt und mit knapp 340 Hektar (nach dem rund 1150 Hektar großen Jamaica Bay Park in Queens) den zweitgrößten Park der Stadt bildet. Im Sommer finden dort kostenlose »Summer-Stage«-Konzerte statt: Über Veranstaltungen informiert man sich am besten im Besucherzentrum, das in einem von Olmsted und Vaux in neugotischem Stil angelegten Gebäude, »The Dairy«, logiert. Oder man spaziert einfach hinein ins famose Grün, lässt sich treiben durch den schönen Park und holt erst einmal ganz tief Luft ...

Nichts an dem künstlich angelegten Central Park ist natürlich, aber alles wirkt auf eine natürliche Weise schön: Viele Millionen Wagenladungen Erde wurden angekarrt, fast 500 000 Bäume und Sträucher wurden gepflanzt.

NEW YORK: LINCOLN CENTER FOR THE PERFORMING ARTS

Das Lincoln Center for the Performing Arts ist ein sich zwischen 62nd und 66th Street sowie zwischen Columbus und Amsterdam Avenue erstreckendes Kulturzentrum, in dem unter anderem die Metropolitan Opera, das New York City Ballet und das New York Philharmonic Orchestra beheimatet sind. Errichtet wurde das größtenteils in den 1960er-Jahren unter der Gesamtleitung des Architekten Wallace K. Harrison entstandene, rund 165 Millionen US-Dollar teure Ensemble auf dem Gelände eines ehemaligen, »San Juan Hill« genannten, Slums, in dem es zuvor oft zu Auseinandersetzungen zwischen rivalisierenden Jugendbanden gekommen war. Erst mit dem neuen, bald auch für andere Städte der USA richtungsweisenden Kulturzentrum als Teil eines umfangreichen Sanierungskonzepts verbesserte sich die Lage in diesem einstmals verrufenen Teil der Upper West Side.

In der Mitte des Kulturzentrums liegt das Metropolitan Opera House. Flankiert wird das Opernhaus vom David H. Koch Theater (links im Bild) und von der Avery Fisher Hall (rechts im Bild) der New Yorker Philharmoniker.

NEW YORK: CENTRAL PARK

NEW YORK: METROPOLITAN OPERA HOUSE

Die Met gehört zu den führenden Opernhäusern der Welt – wer hier auftreten darf, hat sich in den künstlerischen Olymp der Opernwelt gesungen. »Olympisch« mutet auch die Fassade des nach Entwürfen von Wallace K. Harrison errichteten, im Jahr 1966 eingeweihten Opernhauses an, dessen fünf auffallend hohe bogenförmige Fenster den Blick freigeben auf das Foyer, in dem zwei zehn × zehn Meter große Wandgemälde Marc Chagalls von den Ursprüngen und vom Triumph der Musik künden. Seit dem Frühjahr 2009 sind diese Gemälde, deren Wert auf 20 Millionen US-Dollar geschätzt wird, nicht nur schön anzusehen, sondern sichern zugleich einen Kredit, den die Met als Folge der Finanzkrise aufnehmen musste. Gegründet wurde das legendäre Opernhaus, an dem schon Jahrhundertstars wie Caruso und Callas sangen, im Jahr 1883. Damals war es noch am Broadway beheimatet.

In der Met haben 3800 Besucher Platz, um Opernaufführungen zu erleben, Stars wie Placido Domingo (unten rechts, als Neptun in Jeremy Sams' »The Enchanted Island«) zu bejubeln oder sich am Ballett zu erfreuen.

NEW YORK: BROOKLYN

Wie Manhattan geht Brooklyn auf eine Gründung holländischer Siedler zurück: »Breukelen« nannten diese im Jahr 1636 den Ort, nach der gleichnamigen Stadt bei Utrecht. Bis zur Fertigstellung der Brooklyn Bridge (1883) gab es keine feste Verbindung zwischen Brookyn und Manhattan. Heute ist Brooklyn mit rund 2,5 Millionen Einwohnern der bevölkerungsreichste Stadtteil New Yorks. Er bildet mit Queens, dem flächenmäßig größten Teil der Stadt, das südwestliche Ende der sich parallel zur Küste erstreckenden Atlantikinsel Long Island. Bis zum Zusammenschluss der fünf Boroughs (1898) war Brooklyn eine eigenständige Stadt. Über deren »Eingemeindung« entschied damals eine hauchdünne Mehrheit von 277 Stimmen. Wäre Brooklyn damals eigenständig geblieben, wäre es heute (nach New York City, Los Angeles und Chicago) die viertgrößte Stadt der USA.

NEW YORK: BROOKLYN

»Ich bin Lokalpatriot«, meinte Henry Miller. »Mein Vaterland ist der 14. Bezirk in Brooklyn, wo ich aufwuchs. Der Rest der USA existiert nicht für mich, außer als Idee oder Literatur.« Aber man muss kein Lokalpatriot sein, um für das Viertel zu schwärmen; für die Brooklyn Borough Hall (links) und einen der schönsten Zugänge von Manhattan, über die Manhattan Bridge (ganz links). Unten: Pralles Leben an Nostrand Avenue/Fulton Street.

ATLANTIC CITY

Mit den ersten warmen Frühlingsstrahlen füllt sich der lange Sandstrand vor Atlantic City jährlich mit einem bunten Menschengewimmel. Das war schon vor 100 Jahren so, wie alte Fotos zeigen: Einkaufsmeilen, Kasinos, Clubs, ein großes Golfgelände – die Stadt wirkte damals wie heute an manchen Ecken wie ein einziger Freizeitpark. Als Ostküsten-Pendant zu Las Vegas stilisiert sich Atlantic City seit 1976. Mit der damals erteilten Erlaubnis zum Glücksspiel prosperierte die Tourismusbranche der Stadt wieder – bis dahin war sie im Niedergang begriffen gewesen. So wundert es nicht, dass die Homepage der Stadt heute mit »Attraktionen, die den Kopf verdrehen« wirbt. Ein beliebtes Kuriosum ist das an der New York Avenue gelegene »Ripley's Believe It or Not«-Museum. Es präsentiert wechselnde Sammelsurien: »unglaubliche« Kreationen menschlicher Erfindungskraft.

Im Spielerparadies Atlantic City (rechts) blinken die Lichter der Casinos. Zu einer wahren Boomtown wurde die Stadt, als im Jahr 1976 das erste Kasino eröffnete und ein neues Zeitalter einleitete. Prachtvoll ist die Innenausstattung der Spielhöllen (ganz rechts).

PITTSBURGH

Die am Zusammenfluss von Allegheny und Monongahela River gelegene Industriestadt entwickelte sich innerhalb kurzer Zeit vom einfachen Dorf zum bedeutendsten Stahlproduzenten der Vereinigten Staaten. Riesige Firmen wie Heinz und Westinghouse sind in Pittsburgh ansässig. Nach dem Zweiten Weltkrieg ließ der Boom nach und die Stadt entwickelte neue Anziehungspunkte: Beeindruckend in der Innenstadt ist das »Golden Triangle« – ein Ensemble aus Lagerhallen in Backsteinoptik, neugotischen Kirchen und modernen Gebäuden. Das Carnegie Museum of Art besticht mit einer großen Sammlung bedeutender Kunstwerke, das Andy Warhol Museum ist dem exzentrischen Künstler gewidmet, und knapp 15 Kilometer südlich der Stadt liegt der Kennywood Amusement Park. Bereits seit über 100 Jahren befindet sich hier ein Freizeitpark.

Im Lichterglanz des Abends erhebt sich die Skyline aus einer Wasserlandschaft, durchzogen von einigen Brücken (rechts). Neben Philadelphia ist Pittsburgh die einzige große Stadt im Bundesstaat Pennsylvania. Bilder ganz rechts: Exponate im Andy Warhol Museum.

ATLANTIC CITY

PITTSBURGH

GETTYSBURG NATIONAL BATTLEFIELD

»Es ist vielmehr an uns, geweiht zu werden der großen Aufgabe, die noch vor uns liegt ...«, diese Worte kennt in den USA jedes Schulkind, mit ihnen endet eine kurze, aber berühmte Rede Abraham Lincolns zur Einweihung des Soldatenfriedhofes bei Gettysburg: »... auf dass uns die edlen Toten mit edler Hingabe erfüllen für die Sache, der sie das höchste Maß an Hingabe erwiesen haben – auf dass wir hier einen heiligen Eid schwören, dass diese Toten nicht vergebens gefallen sein mögen – auf dass diese Nation, unter Gott, eine Wiedergeburt der Freiheit erleben – und auf dass die Regierung des Volkes, durch das Volk und für das Volk, nicht von der Erde verschwinden möge.« Hier hatte 1863 eine der blutigsten Schlachten des Amerikanischen Bürgerkrieges stattgefunden. Sie gilt als Wendepunkt zugunsten des Sieges der Nordstaaten-Union, die so die Demokratie verteidigte.

Schauplatz der blutigsten Schlacht des Amerikanischen Bürgerkriegs von 1861 bis 1865 war die Kleinstadt Gettysburg. Über 50 000 Soldaten starben zwischen dem 1. und 3. Juli 1863 auf den Schlachtfeldern, heute befinden sich hier Denkmale und Gedenkstätten.

OHIOPYLE STATE PARK

Vor allem für Kanuten, die wilde Gewässer lieben, ist der Schutzpark ein Muss: Der mitten hindurch fließende Youghiogheny-Fluss mit seinen vielen ein Kribbeln im Bauch verursachenden Passagen verlockt zum Wildwasser-Rafting. Manche Menschen stürzen sich einmal im Jahr sogar die Wasserfälle hinunter – beim »Ohiopyle Over the Falls Festival«. Im Sommer sind die natürlichen Wasserrutschen am Meadow Run, einem kleinen Bach mit schönen Steinformationen, eine Attraktion für Jung und Alt. Eine Rückzugsmöglichkeit für Naturfreunde bietet der »Jonathan Run Trail« entlang des gleichnamigen schmalen Flüsschens. Vor allem im Frühling erlaubt dieser Wanderweg abseits des Trubels wunderschöne Ausblicke auf die Wasserfälle des sonst eher unscheinbaren Gewässers. Familien finden mit dem Ferncliff Trail einen recht einfach begehbaren Rundweg durch dichte Farnwälder.

Oben: In den friedlichen Wäldern des Schutzgebiets leben Rehe und Hirsche; unten: der Meadow Run-Weg führt vorbei an Bächen durch den Wald. Wanderer haben eine große Auswahl an Pfaden in dem Wegenetz, das den Park durchzieht.

AMISH PEOPLE

Die Amish People sind eine christliche Religionsgemeinschaft, deren Wurzeln bis auf die Täuferbewegung der Mennoniten im 16. Jahrhundert zurückreichen. Sie stammen vorwiegend aus dem deutschsprachigen Teil der Schweiz und aus dem Rheintal und sprechen auch die Mundart dieser Gegend. Im 17. Jahrhundert sahen sich die Amish People massiven Anfeindungen ausgesetzt und flohen aus diesem Grund nach Amerika. Vor allem in Pennsylvania, wo der deutsche Quäker William Penn eine Politik der religiösen Toleranz praktizierte, fanden sie eine neue Heimat. Der Name der Amish People geht auf den Prediger Jakob Ammann zurück, ihren ersten Ältesten, der eine demütigere Haltung vor Gott einforderte und sich mit seinen Anhängern von den Mennoniten abspaltete. Er war der Meinung, man müsse sich den Himmel erst auf der Erde verdienen. Die Amish People legen die Bibel wortwörtlich aus, lehnen Technik und Fortschritt als etwas Verwerfliches ab und suchen noch immer in der beschaulichen Vergangenheit ihr Seelenheil. »Statussymbole« wie das Auto sind bis heute verboten, auch dem Fernsehen und Handys schreiben sie eine schädliche Wirkung zu: Nichts soll die Amish People von ihrem Glauben ablenken und den Zusammenhalt der Gruppe gefährden. In den USA gibt es ungefähr 225 000 Amish People, die in 26 Bundesstaaten und im kanadischen Ontario leben.

Die Amish People kleiden sich und ihre Kinder einheitlich und im Stil wie vor 300 Jahren. Da sie den technischen Fortschritt wie Autos oder Maschinen für die Landwirtschaft ablehnen, fahren sie mit ihren Kutschen und bearbeiten die Felder mit Pferden.

PHILADELPHIA

Die »Stadt der Bruderliebe« wurde 1682 von dem Quäker William Penn im Südosten des heutigen US-Bundesstaates Pennsylvania gegründet. Während des Unabhängigkeitskrieges war »Philly« das Zentrum der Amerikanischen Revolution und Hauptstadt bis 1790. Im Independence National Historic Park sind die wichtigsten Sehenswürdigkeiten aus der Zeit der Staatengründung vereint: die Independence Hall, in der Abgeordnete aller 13 Kolonien am 4. Juli 1776 die Unabhängigkeitserklärung verabschiedeten, die Library Hall mit einer handschriftlichen Kopie der Unabhängigkeitserklärung, die Liberty Bell, die nach der Verlesung geläutet wurde und seit 1846 wegen eines Sprungs nicht mehr in Betrieb ist. Hier befindet sich die Altstadt mit ihren verwinkelten Gassen und historischen Häusern. Auf dem Reading Terminal Market gibt es Waren aus dem Amish Country.

Philadelphias Skyline erhebt sich am Delaware River. Im Vordergrund überspannt die Benjamin Franklin Bridge das Gewässer. Zwischen 1790 und 1800 war die Stadt Nationalhauptstadt sowie die drittgrößte Stadt der USA und nach London die größte englischsprachige Stadt der Welt.

PHILADELPHIA: DOWNTOWN UND OLD CITY

Ein Spaziergang durch Elfreth's Valley führt durch eine schmale, mit bunten Fensterläden geschmückte Gasse kleiner meist ziegelroter Häuser. Sie gehört zu den Relikten der Gründungszeit Philadelphias im 18. Jahrhundert. Einmal im Jahr öffnen die pittoresken Häuschen ihre Pforten und zeigen Neugierigen ihr Inneres. Manche Straßen der Altstadt, der »Old City«, scheinen tagsüber zu schlafen und erst nachts zu erwachen. Dann locken die Restaurants, Lounges und Nachtbars zu kostspieligen Ausflügen, die immer auch dem Gaumen schmeicheln. »Downtown«, das mit wolkenhohen Häusern bestückte Stadtzentrum, leert sich nun allmählich und wird stiller. Dort wimmelt es vor allem tagsüber von geschäftigen »business people«: Banken, Versicherungen und verschiedene Unternehmen wie Sunoco haben hier ihren Sitz. Auch das riesige Rathaus steht im Stadtzentrum.

Neben »City of Brotherly Love« hat die Stadt noch weitere bekannte Spitznamen: »Philly«, »The City That Loves You Back«, »Quaker City« und »Birthplace of America«. Sie alle bringen die verschiedenen Seiten der fünftgrößten Stadt des Landes zum Ausdruck.

PHILADELPHIA

PHILADELPHIA: DOWNTOWN UND OLD CITY

UNABHÄNGIGKEITSERKLÄRUNG DER VEREINIGTEN STAATEN

»Wenn im Laufe menschlicher Begebenheiten ein Volk genöthigt wird, die politischen Bande aufzulösen, die es bisher mit einem anderen vereinten...« – mit diesen Worten beginnt das Dokument, mit dem sich die 13 Staaten der jungen USA am 4. Juli 1776 von ihrem Mutterland Großbritannien lösten. In großen Teilen stammt es aus der Feder des Aufklärers Thomas Jefferson, später zum dritten Präsidenten des Staatenbundes gewählt. In der Erklärung ihrer Unabhängigkeit gipfelte der Protest der damaligen Kolonien: Sie hatten hohe Steuern an die englische Krone zahlen müssen, ohne ein Mitspracherecht im Parlament zu haben. Folgerichtig bildeten sie einen eigenen Kontinentalkongress. Als dessen Kompromissvorschläge allerdings ignoriert blieben, entschieden sich zwölf der 13 Vertreter der späteren US-Gründungsstaaten für die Unabhängigkeit. Der 4. Juli ist bis heute Nationalfeiertag, landesweit wird der »Independence Day« groß gefeiert. Deutlich spiegelt das Dokument eine grundlegend demokratische Philosophie wider, ein weltweites Vorbild: »Wir halten diese Wahrheiten für offensichtlich, dass alle Menschen gleich erschaffen sind, dass sie von ihrem Schöpfer mit gewissen unveräußerlichen Rechten ausgestattet wurden, darunter Leben, Freiheit und Streben nach Glückseligkeit«.

UNABHÄNGIGKEITSERKLÄRUNG DER VEREINIGTEN STAATEN

Großes Bild: Die Independence Hall ist im Hinblick auf die amerikanische Geschichte eines der wichtigsten Gebäude, denn hier wurde die Unabhängigkeitserklärung verabschiedet. An besonderen Tagen ist das Bauwerk Hauptdarsteller einer Lightshow. Unten rechts: Die Freiheitsglocke wurde geläutet, als die Unabhängigkeitserklärung erstmals vor der Öffentlichkeit verlesen wurde.

MID-ATLANTIC STATES

PHILADELPHIA: MUSEEN

Das Kunstmuseum Philadelphia Museum of Art präsentiert eine der renommiertesten Sammlungen der USA: El Grecos »Pietà«, Mondrians »Opposition of Lines« und Toulouse-Lautrecs »Moulin Rouge« gehören zur Dauerausstellung. Im benachbarten Rodin Museum können Besucher die dort gesammelten Plastiken besichtigen. Nur in Paris finden sich mehr Skulpturen des wichtigsten Bildhauers der Moderne an einem Ort vereint. Literaturbegeisterte kommen im Rosenbach Museum auf ihre Kosten: Dort lagern etwa das »Ulysses«-Manuskript von James Joyce, seltene Handschriften wie eine Erstausgabe des »Don Quichote« und kostbare Judaica. Das National Museum of American Jewish History wiederum dokumentiert die Bandbreite jüdischen Lebens in Amerika. Im National Constitution Center wird die Bedeutung demokratischen Miteinanders museal inszeniert.

Unten: Eingebettet in einen Garten ist das Rodin Museum einen Besuch wert: 140 Skulpturen aus allen Schaffensphasen des Bildhauers sind ausgestellt. Rechts: Haupteingang des Museum of Art; »Taufe Christi« von Nicolas Poussin.

THE PHILADELPHIA ORCHESTRA

Eines der fünf bedeutendsten Orchester der USA ist das Philadelphia-Symphonieorchester. Von Anfang an war das von Fritz Scheel gegründete Ensemble den neuen technischen Errungenschaften des 20. Jahrhunderts gegenüber aufgeschlossen: 1925 produzierte es als erstes Orchester der Welt eine elektronische Aufnahme; 1948 war es noch vor allen anderen im Fernsehen zu sehen; 1997 wurde eine Liveaufnahme als Podcast im Internet zur Verfügung gestellt – ein Medium, dem sich andere traditionelle Orchester lange verweigerten. Die Musiker proben im voluminösen Kimmel Center for the Performing Arts. Sergej Rachmaninow sagt man nach, er habe mit keinem anderen Orchester der Welt lieber seine Stücke einspielen wollen als mit diesem. Der Komponist und das Orchester pflegten unter dem Dirigenten Leopold Stokowski eine enorm fruchtbare Liaison.

In der Verizon Hall im Kimmel Center finden die klassischen Konzerte statt. Sie umfasst 2500 Plätze. Weltberühmte Künstler leiteten das Orchester wie Ricardo Muti, Christoph Eschenbach und heute Yannick Nézet-Séguin.

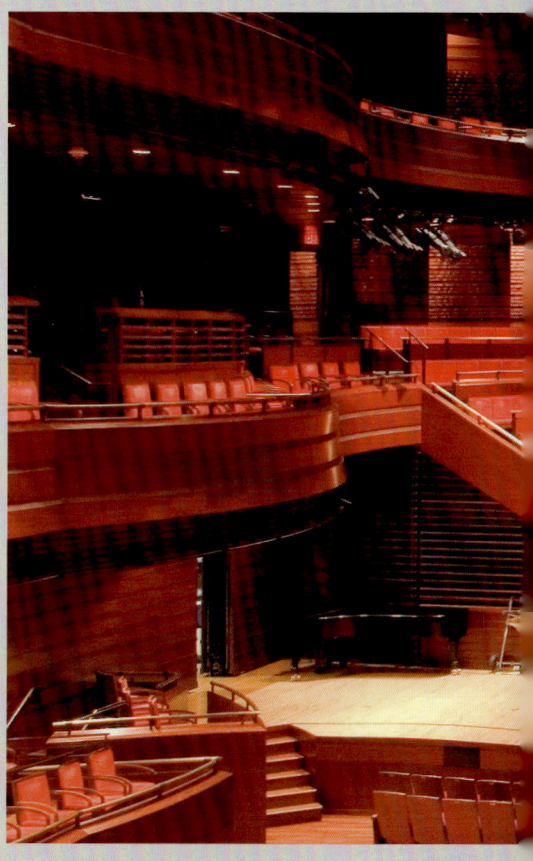

PHILADELPHIA: MUSEEN

THE PHILADELPHIA ORCHESTRA

MID-ATLANTIC STATES 117

SOUTH ATLANTIC STATES

Die Atlantikküste der USA fasziniert nicht nur durch lebendige Millionenstädte und Zentren politischer und wirtschaftlicher Macht, sondern auch durch Stille und Einsamkeit in idyllischer Natur. Reist man durch Maryland, Washington, D.C., Virginia, North und South Carolina und Georgia sieht man sich vor allem mit der wechselvollen Geschichte der USA und den Relikten des Bürgerkriegs konfrontiert. Dazu Baumwollfelder, Plantagenhäuser, Jazz-Musiker – in manchen Gegenden der Südstaaten scheint die Zeit vor 100 Jahren stehen geblieben zu sein.

Auf dem Boneyard Beach auf Bulls Island sind zahlreiche Bäume Opfer der Naturkräfte geworden – ausgebleicht von der Sonne und verwittert von der salzhaltigen Luft. Der Strand liegt auf der Barriereinsel, die zum Cape Romain National Wildlife Refuge in South Carolina gehört.

DOVER

Die Hauptstadt von Delaware wurde 1683 von dem Quäker, Juristen und Philosophen William Penn gegründet und nach der südenglischen Stadt Dover benannt. Obwohl die Nachbarstadt Wilmington mittlerweile mehr Einwohner hat (71 000 gegenüber den 36 000 Bewohnern von Dover), blieb Dover von Beginn an die Kapitale des »First State« genannten Bundesstaats Delaware. Von dieser Rolle legt vor allem die große Legislative Hall Zeugnis ab, die ab 1931 gebaut wurde. Auch der ausladende Bau, der Teil des »First State Heritage Park« ist, ist das Ergebnis eines wirtschaftlichen Aufschwungs, den Dover in den 1930er-Jahren durch den Einzug erster industrieller Großunternehmer erlebte. Die Stadt ist zudem Sitz der Dover Air Force Base, die ein großer Arbeitgeber vor Ort ist. Das Air Mobility Command Museum zeigt die wechselhafte Geschichte der Luftfahrt in Dover.

DOVER

Unten: Vor der Legislative Hall in Dover wurde im Jahr 2008 die Bronzestatue zu Ehren der Soldaten des amerikanischen Unabhängigkeitskriegs enthüllt. Während das Städtchen selbst mit hübschen Gassen und Holzhäusern aufwartet (links), liegt in der Nähe mit den Dover Downs nicht nur ein gewaltiger, glitzernder Kasinokomplex, sondern auch die Jetset-Welt der schnellen Sportwagen auf der NASCAR-Rennstrecke.

BOMBAY HOOK NATIONAL WILDLIFE REFUGE

Mit Indien hat das Bombay Hook National Wildlife Refuge nichts zu tun, vielmehr geht der ungewöhnliche Name auf eine Verballhornung des niederländischen Begriffs »Boompjes Hoeck« zurück, was so viel wie »Ort mit kleinen Bäumen« bedeutet. Dies liegt vor allem an den vielen Büschen, die das Feuchtgebiet umstehen. Von den Gezeiten geformte Salzmarschen bestimmen einen Großteil des Schutzgebiets, das bereits 1937 als Rückzugsraum für Wasservögel eingerichtet wurde. Und Vögel sind es auch heute noch, die hier Zuflucht suchen: Über 300 verschiedene Vogelarten wurden hier gezählt, die meisten von ihnen Zugvögel. Auch der majestätische Weißkopfseeadler ist hier zu Hause. Zwei historische Leuchttürme und das 1753 erbaute Allee House zeugen von einer reichen Vergangenheit der Region.

Bombay Hook ist ein echtes Vogelparadies und ein Geheimtipp für Hobbyornithologen. Nicht nur Tausende Zugvögel machen hier Rast wie die Schneegänse (rechts), sondern auch Singvögel wie das Weiden-Gelbkehlchen oder der Azurbischof (unten von links).

DELAWARE BAY

Auf der Höhe von Wilmington verbreitert sich der Delaware River zum weiten Mündungstrichter der Delaware Bay, die vom Osten her durch Cape May und Cape Henlopen begrenzt wird. Durch die leicht abgesenkte Atlantikküste mischt sich bereits in der Bucht das vom Land her einströmende Süßwasser mit dem Salzwasser des Meeres. Verschiedene kleinere Flussläufe fließen ebenfalls in die Bucht. Insgesamt umfasst die Delaware Bay eine Fläche von über 2000 Quadratkilometern. Ihre flach verlaufenden Ufer sind größtenteils Schwemmlandgebiete, in deren Brackwasser zahlreiche Seevogelarten und Meerestiere geschützte Brutplätze und Nahrung finden. Für Möwen, Strandläufer und die urzeitlichen Pfeilschwanzkrebse bietet die Delaware Bay ideale Lebensbedingungen. Ein lukratives Geschäft ist die Austernzucht. Einen Blick in die Vergangenheit vermittelt eine Tour zu den zwei historischen Leuchttürmen der Bucht: Harbour of Refuge Lighthouse und Delaware Breakwater East End.

Die Delaware Bay ist für ihr Vorkommen der Pfeilschwanzkrebse berühmt (rechts). Die Steinwälzer sind gierig nach deren Eiern (unten).

BOMBAY HOOK NATIONAL WILDLIFE REFUGE

DELAWARE BAY

BALTIMORE

Totgesagte leben länger: Die riesige Hafenstadt Baltimore hat seit Jahrzehnten mit den typischen Problemen einer Metropole zu kämpfen: Gewalt, Drogen und Raubzüge bestimmen allzu häufig die Schlagzeilen. Dennoch ist die bunte, lärmende und pulsierende Stadt in Maryland eine nicht zu verpassende Anlaufstelle für Kunstliebhaber aller Art, die an der Ostküste unterwegs sind. Alljährlich findet hier das größte freie Kunstfestival Nordamerikas statt, die »Artscape«. Innenarchitektonisch gehört die Peabody-Bibliothek zu den schönsten Bibliotheksräumen der Welt. Das Grab von Edgar Allan Poe, der in Baltimore auf mysteriöse Weise ums Leben kam, steht auf dem Westminsterfriedhof. Auch zahlreiche Theater wie das »Everyman« locken Zuschauer, und das Symphonieorchester braucht sich hinter anderen großen nicht verstecken.

BALTIMORE

Unten: Die Stadt liegt an der Mündung des Papascope River an der Chesapeake Bay und besitzt einen der größten Seehäfen des Landes, den Helen Delich Bentley Port. Seit den 1970er-Jahren genießen die Einwohner am »Inner Harbor« die edlen Restaurants und schönen Läden. In der Stadt steht das Washington Monument, das erste dem ersten Präsidenten gewidmete Denkmal des Landes (links).

BALTIMORE: MUSEEN

Die Stadt Baltimore arbeitet seit Jahren fleißig daran, ihr verrufenes Image loszuwerden und sich zu einem Ziel für Kunstinteressierte zu etablieren. Mit Erfolg: Im riesigen, einem römischen Tempel nachempfundenen Baltimore Museum of Art hängen Werke aus aller Welt. Für Liebhaber moderner französischer Malerei hält die hier untergebrachte Sammlung der Schwestern Cone einige Höhepunkte bereit, darunter Hunderte Bilder von Henri Matisse. Kleiner, aber ebenso sehenswert ist das Walters Art Museum: Ein erlesenes Sammelsurium von Vasen, Manuskripten, Gemälden und Schmuck wird präsentiert. In einem schmalen roten Ziegelhaus, dem zeitweiligen Wohnort des Dichters, ist ein Edgar Allan Poe Museum eingerichtet. Dort sind einige persönliche Utensilien Poes zu bewundern, dazu Möbel im damaligen Ambiente. Auch für Kinder spannend ist das Baltimore Museum of Industry. Das Leben der Arbeiter Anfang des 19. Jahrhunderts sowie zahlreiche technische Geräte werden dank kluger Präsentation anschaulich erlebbar. Ebenfalls für Groß und Klein gleichermaßen spannend ist das Sports Legends Museum at Camden Yards, das sich mit der Sportgeschichte Baltimores beschäftigt. Die in Baltimore geborene Baseballlegende Babe Ruth wird hier ebenso gewürdigt wie die Teams der »Orioles« und der »Ravens«.

BALTIMORE: MUSEEN

In den Räumlichkeiten des Baltimore Museum of Art sind die Gemälde schön in Szene gesetzt (links und Bildleiste). Das Museum wurde 1914 gegründet und umfasst heute eine Sammlung von etwa 90 000 Kunstwerken. Es sind Exponate aus Europa, Asien und Afrika darunter. Großes Bild: Der Museumsfotograf des Walters Art Museum nimmt eines der Gemälde der Dauerausstellung vor die Linse.

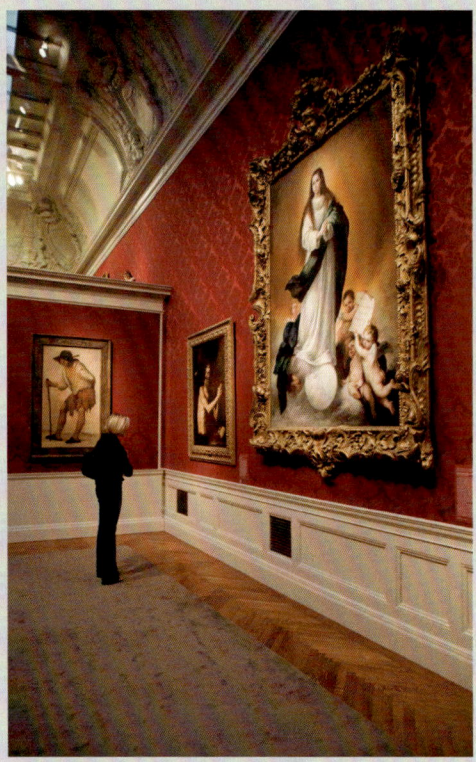

CHESAPEAKE BAY

Krabben, Austern, Muscheln – in der Bucht wimmelte es noch vor wenigen Jahren nur so von Meeresgetier. Mittlerweile machen sich aber Überfischung und Umweltverschmutzung bemerkbar. Dennoch zählt der größte Meeresarm der USA nach wie vor zu den beeindruckendsten natürlichen Lebensräumen, die Nordamerika zu bieten hat. Mehr als 300 Fisch- und Krabbenarten tummeln sich im Wasser. Nur hin und wieder verursachen seit den 1970er-Jahren wie im Eriesee giftige Blaualgenteppiche ein massives Fischsterben. Zahlreiche Vögel wie der Flötenregenpfeifer leben an den Küsten. Eine Fahrt über die gigantische Chesapeake-Bay-Brücke zwischen der Ost- und Westküste des Gewässers ist so abenteuerlich, dass mehrere Fuhrunternehmen ihr Geld damit verdienen, ängstliche Fahrer in deren eigenem Auto auf die jeweils andere Seite zu befördern.

Rechts: Die Chesapeake-Bay-Brücke und der 37 Kilometer lange Chesapeake Bridge Tunnel verbinden die beiden Seiten der Bucht. Bilder unten: Historische Schoner kreuzen in der Bay beim Lady Maryland Racing.

ANNAPOLIS

»Segelhauptstadt« wird die Hauptstadt von Maryland auch genannt: Entlang der vielen Hafenbuchten der Stadt liegen Tausende von Segelbooten vor Anker, die in der Chesapeake Bay fast das ganze Jahr über kreuzen können. Bei Freigang wimmelt es in den Cafés und Bars der Stadt von den Kadetten der Marineakademie der USA, die hier ihren Sitz hat. Viele historische Häuser sind in Annapolis erhalten, darunter eines der ersten Kolonialstilhäuser aus britischer Besiedlungszeit, das »Hammond-Harwood House« von 1774. Sein Entwurf geht auf eine Vorlage in den berühmten Architekturbüchern Andrea Palladios aus dem 15. Jahrhundert zurück. Die entspannte Atmosphäre in der Stadt, die sich auch auf Besucher überträgt, hängt vielleicht mit dem beständig spürbaren salzigen Seewind zusammen, der nicht nur die Gerüche, sondern auch schlechte Stimmungen vertreibt.

Die United States Naval Academy ist die Offizierschule der Marine und der Marineinfanterie des Landes. Hier werden 4400 Studenten ausgebildet (rechts beim Kirchgang). Bilder unten: in der Memorial Hall der Akademie.

128 SOUTH ATLANTIC STATES

CHESAPEAKE BAY

ANNAPOLIS

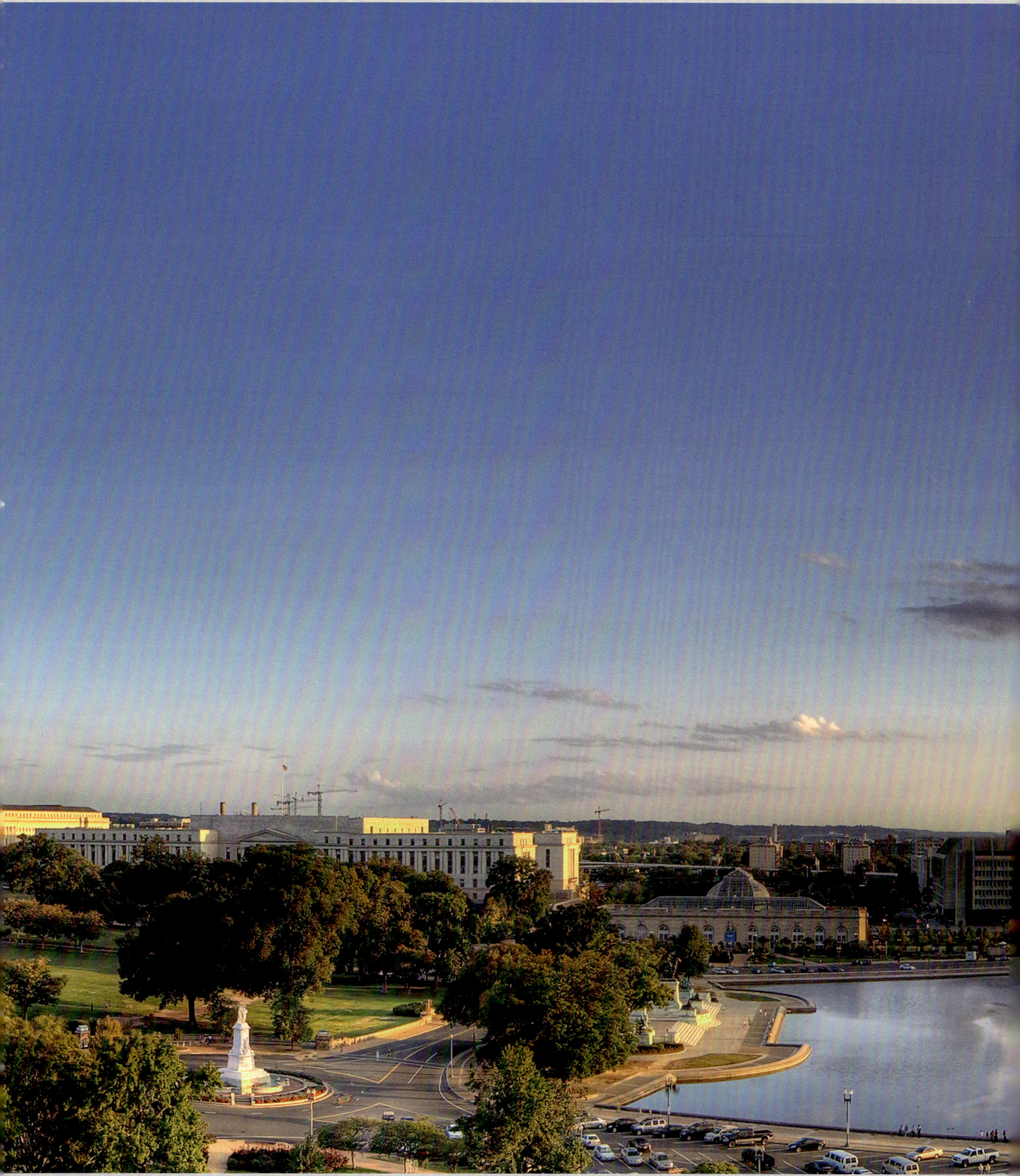

WASHINGTON, D.C.

WASHINGTON, D.C.

Die Hauptstadt der Vereinigten Staaten verdankt ihre Bedeutung der zentralen geografischen Lage zwischen den nördlichen und südlichen Kolonien des einstigen Neuengland – und ihrer Nähe zu Mount Vernon, dem Wohnsitz des ersten Präsidenten George Washington. Washington, D.C., gehört zu den attraktivsten Reisezielen der USA und wird vor allem wegen seiner symbolträchtigen Gebäude wie dem Kapitol und dem Weißen Haus geschätzt, aber auch wegen der vielen erstklassigen Museen. »D.C.« steht für »District of Columbia« – eine politische Enklave, in der die Regierung angesiedelt ist. Auf dem Capitol Hill thront das Kapitol: Das 1794 bis 1824 errichtete Parlamentsgebäude (der Kuppelbau wurde erst nach 1850 vollendet) markiert den Mittelpunkt der Stadt. Das Weiße Haus wurde 1792 erbaut, erhielt aber erst 22 Jahre später, 1814, seinen weißen Anstrich.

WASHINGTON, D.C.

Washington, D.C., ist das Zentrum der mächtigsten Demokratie der Welt und Sitz des US-Präsidenten. Außerdem ist hier die öffentliche Verwaltung angesiedelt. Links: Der weiße Marmorturm in Form eines Obelisken ist das Washington Monument und knapp 170 Meter hoch. Es liegt auf dem Hügel der National Mall. In dem markanten Turm befindet sich ein Denkmal von George Washington.

WASHINGTON, D.C.

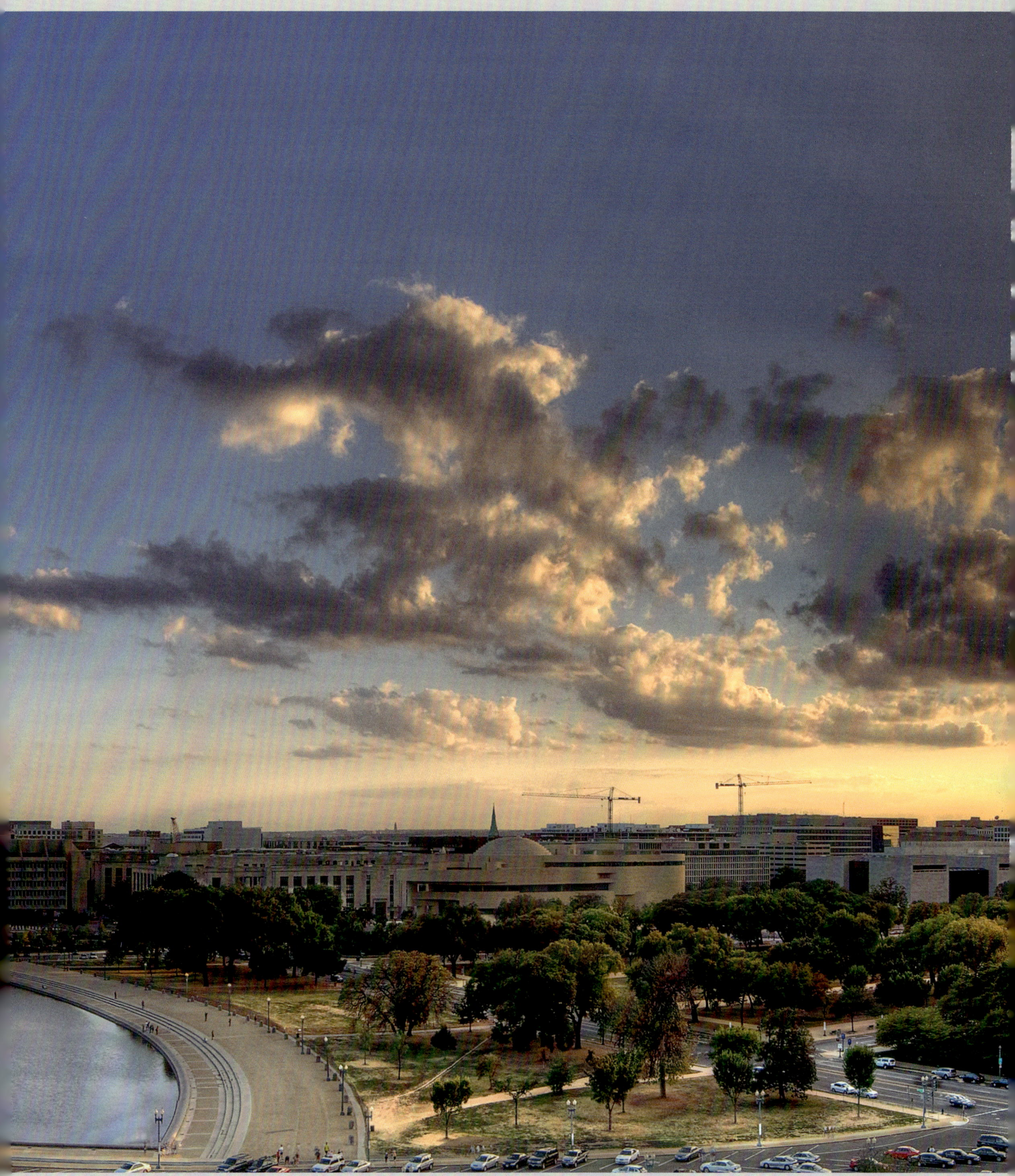

WASHINGTON, D.C.: WHITE HOUSE

Auf jedem 20-Dollar-Schein lässt sich das »Weiße Haus« aus der Nähe betrachten. Im wahren Leben kommen die meisten Besucher höchstens an den Zaun des geschichtsträchtigen Gebäudes in der Pennsylvania Avenue 1600. Der offizielle Amtssitz des US-Präsidenten ist mit höchster Sicherheitsstufe geschützt. Zu Beginn war der Bau lange für alle Bürger frei zugänglich – wer es aber heute von innen sehen möchte, muss hoher Staatsgast sein oder sich umständlich registrieren – falls Besuche nicht aus Budgetgründen ausgesetzt sind. Abhilfe schafft eine virtuelle Tour via Internet. Das weiß gestrichene Gebäude war formell das erste der neuen Hauptstadt. Heute steht allerdings eine Version von 1819, die nach einem Brand aufgebaut und um West- und Ostflügel ergänzt wurde. Zu den 132 Zimmern mit 412 Türen und 28 offenen Kaminen gehört auch die Privatwohnung des Präsidenten.

Rechts: Das Oval Office: In zahlreichen amerikanischen Filmen, Fernsehserien und Büchern ist es Schauplatz dramatischer Ereignisse. So auch im wahren Leben, denn es ist das offizielle Büro des Präsidenten der USA.

WASHINGTON, D.C.: UNITED STATES CAPITOL

Hier liegt das Zentrum der Hauptstadt Washington. Nicht nur politisch ordnen sich Stadt und Land um das »United States Capitol«, sondern auch geografisch: Ein Stein im Boden der Rotunde markiert den offiziellen Mittelpunkt der auf dem Reißbrett geplanten Stadt. Von hier aus gliedert sie sich in vier Bezirke von Südwest bis Nordost. Symbolisch steht das Kapitol auf einer Anhöhe und soll im Stil des Alten Rom die demokratische Herrschaft des Volkes repräsentieren. Als zweites Gebäude der Stadt, nach dem Weißen Haus, beherbergt es beide Kammern des Kongresses. Allerdings wurde es erst 1826 bezogen, weil der 1793 begonnene Bau 1812 halb fertig von britischen Truppen gleich wieder zerstört worden war. Auf der ansehnlichen Kuppel verkörpert eine bronzene »Statue of Freedom« die Freiheit. Die Front des Bauwerks ist ein Ziel für Besucher und politische Demonstrationen.

Das Kapitol ist ein Symbol der amerikanischen Demokratie. Hier tagt der Kongress (unten) und hier legen die US-Präsidenten ihren Amtseid ab. 1793 wurde das Gebäude im klassizistischen Stil errichtet; rechts: die große Rotunde.

WASHINGTON, D.C.: WHITE HOUSE

WASHINGTON, D.C.: UNITED STATES CAPITOL

WASHINGTON, D.C.: SUPREME COURT

Der Oberste Gerichtshof der Vereinigten Staaten residiert in einem mit Marmor verkleideten Gebäude, das von außen an einen griechischen Tempel erinnert. An der Westfassade betont ein Schriftzug »Gleichheit vor dem Gesetz«, während die Ostfassade »Gerechtigkeit, der Wächter der Freiheit« verkündet. Erst zwischen 1932 und 1935 entstand dieser Bau, den Großteil seiner Geschichte hatte der Oberste Gerichtshof in Räumen des Kapitols getagt. Der neue Amtssitz demonstrierte die Trennung von Gesetzgebung und Rechtsprechung in einer Demokratie auch nach außen. Allerdings hielten viele der Richter den Prunk zwischen Marmorsäulen, Statuen und kunstvollen Wandfriesen für unangemessen. Wie viele der Nachbarn rund um das Kapitol ist das Supreme Court Building als historisches Nationaldenkmal geschützt. Besuche sind erlaubt, wenn der Gerichtshof nicht tagt.

Das oberste rechtsprechende Staatsorgan der Vereinigten Staaten residiert in einem gewaltigen tempelartigen Bau. Die Inschrift auf dem Portal lautet: »Equal Justice under Law«. Das Bauwerk befindet sich westlich des Kapitols.

WASHINGTON, D.C.: NATIONAL ARCHIVES

Hier lagern originale Kopien der wichtigsten Dokumente des Landes: der Unabhängigkeitserklärung, der US-Verfassung und der ersten zehn Zusatzartikel zur Verfassung, der »Bill of Rights«. Im Nationalarchiv der Vereinigten Staaten, offiziell »National Archives and Records Administration« (NARA) genannt, sind diese Gründungsdokumente öffentlich präsentiert – wie auch andere wichtige Schriftstücke, etwa die Erklärung zur Abschaffung der Sklaverei oder der Kaufvertrag, mit dem Louisiana 1803 von Frankreich an die USA ging. Unzählige andere staatliche Dokumente sind weniger bedeutend, aber ebenfalls den Bürgern zugänglich – soll das Nationalarchiv doch seit 1934 dafür sorgen, dass die Information aller Behörden bewahrt bleibt. Tatsächlich kommen viele Menschen, um hier etwa in alten Passagierlisten oder Bürgerverzeichnissen ihrer Familiengeschichte auf den Grund zu gehen.

In dieser Rotunde wird die Unabhängigkeitserklärung ausgestellt und so heißt die Räumlichkeit auch »Rotunda for the Charters of Freedom«. Historische Wandgemälde veranschaulichen die Szenerie zusätzlich.

WASHINGTON, D.C.: SUPREME COURT

WASHINGTON, D.C.: NATIONAL ARCHIVES

WASHINGTON, D.C.: LIBRARY OF CONGRESS

Wer Gesetze schaffen und das Land regieren will, muss ein möglichst umfassendes Wissen besitzen – oder umfassend recherchieren können. Nach diesem Motto wurde dem Kongress der Vereinigten Staaten im Jahr 1800 seine eigene Forschungsbibliothek eingerichtet. Als viele der 3000 Bücher in der Bibliothek im Krieg von 1851 verbrannten, verkaufte Thomas Jefferson dem Kongress als Ausgleich seine Privatsammlung von 6487 bedeutenden Werken. Heute verteilt sich die Bibliothek auf drei Gebäude in Washington. Mit rund 155 Millionen »Medien-Einheiten« – von Büchern und Karten bis zu Fotografien, Tondokumenten und Handschriften – ist sie nach der British Library die zweitgrößte der Welt. Zählt man nur die Bücher, ist sie sogar die größte. Sie beherbergt auch eine Gutenberg-Bibel, ein zeitgenössisches Porträt Christoph Kolumbus' sowie die Bibel Abraham Lincolns.

WASHINGTON, D.C.: LIBRARY OF CONGRESS

Unten: Die pompöse Eingangshalle des Thomas Jefferson Building ist zweigeschossig und mit herrlichen Deckenfresken versehen. Auch der Hauptlesesaal (links) der Library of Congress befindet sich im Thomas Jefferson Building und beeindruckt mit einer 38 Meter hohen Kuppel. Hier schmückt ein riesiges Wandgemälde den Raum, das für die Eröffnung 1897 von Edwin H. Blashfield gestaltet wurde.

WASHINGTON, D.C.: NATIONAL GALLERY OF ART

Ein Banker legte mit seiner Privatsammlung Alter Meister den Grundstein für die Nationale Kunstgalerie der USA: Als Andrew W. Mellon 1937 seine Gemälde und Skulpturen dem Staat überließ, hatte er für den Bau eines passenden Gebäudes und für eine Stiftung gesorgt, die Bestand und Erweiterung der Sammlung sicherstellen sollte. Das neoklassizistische Gebäude des Museums öffnete im Jahr 1941 seine Türen, es versammelt heute bedeutende europäische und amerikanische Kunst vor dem 20. Jahrhundert, van Gogh, Monet und Rembrandt sind vertreten, und außerdem ein Gemälde Da Vincis. In einem zweiten Bau von 1978, unterirdisch mit dem ersten verbunden, erwartet zeitgenössische moderne Kunst die Besucher – Warhols und Pollocks Bilder hängen neben solchen von Beckmann und Picasso. Ergänzend zeigt ein Skulpturengarten Werke von Roy Lichtenstein bis Miró.

Im Westflügel der National Gallery of Art sind Skulpturen europäischer Künstler vom Mittelalter bis ins späte 19. Jahrhundert ausgestellt. Außerdem werden einige Exponate amerikanischer Bildhauer gezeigt.

WASHINGTON, D.C.: NATIONAL MUSEUM OF NATURAL HISTORY

Hunderte Millionen an Ausstellungsstücken – vom Mondgestein zu Saurierskeletten, vom Vogelgarten bis zum »Hope-Diamanten« – ziehen alljährlich mehr als sieben Millionen Besucher an. Das mag daran liegen, dass das Nationalmuseum für Naturgeschichte bei freiem Eintritt rund ums Jahr geöffnet ist. Jedenfalls ist es das weltweit am besten besuchte naturhistorische Museum der Welt – und auch unter den 19 Museen der Smithsonian Institution in Washington hält es den Spitzenplatz. Seit 1910 bringt es den Menschen anschaulich den Reichtum der Natur näher, inzwischen auf mehr als 32 500 Quadratmetern Ausstellungsfläche und mit zahlreichen Wechselausstellungen. Zum Haus gehören auch 185 forschende Wissenschaftler, so viele wie sonst an keinem anderen Museum, und enthüllen mithilfe neuer oder auch schon lange archivierter Objekte so manche neue Erkenntnis.

Das größte Naturkundemuseum der Welt zeigt in seinen Räumen nicht nur die Vielfalt der Formen in der Natur. Teile der Ausstellung sind der Entwicklung des Menschen gewidmet, etwa in einem Abriss der Geschichte des Homo sapiens.

WASHINGTON, D.C.: NATIONAL MUSEUM OF AMERICAN HISTORY

Die roten Schuhe, mit denen Dorothy im »Zauberer von Oz« ihren Weg aus Kansas machte, gehören zur US-amerikanischen Geschichte wie eine Lunchtheke aus North Carolina, eine John-Bull-Lokomotive oder ein Karussellwagen des fliegenden Elefanten »Dumbo«. Als Ausstellungsstücke im National Museum of American History verdeutlichen sie den Besuchern, was den Alltag ihres Landes prägte. Herzstück des Museums ist deshalb auch jene US-Flagge im Original, die einst den Komponisten Francis Scott Key zur späteren Nationalhymne »The Star-Spangled Banner« inspirierte. 1964 als Museum für Geschichte und Technik eröffnet, fokussiert sich das Haus seit 1980 über drei Etagen auf die Alltagsgeschichte. Frisch renoviert, gliedert sich die Ausstellung heute in Schwerpunkte wie Transport, Familie, Medizin, Politik, Forschung oder auch »Amerikas Rolle in der Welt«.

Exponate aus dem politischen, kulturellen und sozialen Leben der amerikanischen Gesellschaft sind im Museum of American History ausgestellt. Es ist Teil der Smithsonian Institution, hier ein Raum des Post-Museums.

WASHINGTON, D.C.: NATIONAL AIR AND SPACE MUSEUM

Einmal wie Charles Lindbergh der »Spirit of St. Louis« nahe kommen, einmal neben der Kommandokapsel von Apollo 11 stehen oder das »SpaceShipOne« bewundern, das als Erstes in der privaten bemannten Raumfahrt den Erdorbit erreichte – fast alle Ausstellungsstücke des nationalen Luft- und Raumfahrtmuseums sind weit gereist. Oder sie sind Ersatzmodule für die tatsächlich gereisten, wie der Zweitspiegel des Weltraumteleskops Hubble. Kurz nachdem die Sammlung 1946 als National Air Museum gegründet worden war, platzten ihre Räume auch schon aus allen Nähten. Lange blieb ein Großteil der alten Flugzeuge, Raketen und anderen Objekte im Archiv verborgen. Heute stehen die wichtigsten Ausstellungsstücke im Hauptgebäude an der National Mall. Zahlreiche andere sind seit 2003 im neuen Steven F. Udvar-Hazy Center am Dulles International Airport zu sehen.

Hier wird die Szenerie der Mondlandung anschaulich und mit der originalen Ausstattung nachgestellt. Die Besucher können außerdem Mondgestein bestaunen. Ein weiterer Standort des Museums befindet sich in Virginia.

WASHINGTON, D.C.: NATIONAL MALL AND MEMORIAL PARKS

Der historische Park zwischen dem Washington Monument und dem Lincoln Memorial erinnert an die Gründung der Vereinigten Staaten. In der Mitte eines künstlichen Sees liegen Steintafeln mit den Namen der Unterzeichner der Unabhängigkeitserklärung. Das Washington Monument, ein weißer Obelisk, ehrt den ersten Präsidenten der USA und steht genau auf der Verbindungsgeraden zwischen Kapitol und Lincoln Memorial. Dort wurde die monumentale Lincolnstatue aus 28 Marmorquadern gefertigt, 36 dorische Säulen symbolisieren die 36 Staaten in Lincolns Amtszeit. An den Wänden des Vietnam Veterans Memorial stehen die Namen aller Gefallenen dieses Kriegs, und ein Mahnmal erinnert an die gefallenen Frauen. Der Park Constitution Gardens dient aber nicht nur der Erinnerung, sondern auch als grünes Refugium in der Stadt.

WASHINGTON, D.C.: NATIONAL MALL AND MEMORIAL PARKS

Das Vietnam Veterans Memorial mit seinen schwarzen Wänden und allen Namen der Gefallenen verströmt eine ergreifende Atmosphäre und macht die Vergangenheit lebendig (unten). Der mit Gedenkstätten bestückte Park zwischen Washington Monument und Lincoln Memorial wurde 1976 von Präsident Richard Nixon zum Ort der kollektiven Erinnerung an die Gründung der USA erklärt.

THOMAS JEFFERSON

»Ich denke, dass eine kleine Rebellion hin und wieder eine gute Sache ist, und in der politischen Welt so notwendig wie ein Sturm in der physischen Welt« – dieser Ausspruch des Denkers, Diplomaten und dritten Präsidenten der Vereinigten Staaten belegt Thomas Jeffersons politische Weltsicht mit Humor. 1743 als drittes Kind eines reichen Plantagenbesitzers geboren, genoss er nach einer freien Kindheit eine humanistische Ausbildung. Als erfolgreicher Jurist wurde er Abgesandter zum Kontinentalkongress, wo er an Gesetzen für eine gerechtere Welt arbeitete. Beinah allein formulierte Jefferson den Entwurf der Unabhängigkeitserklärung. Später wählte ihn Virginia zum Gouverneur, dann lebte er ab 1785 als Diplomat in Paris – die Revolutionäre Frankreichs soll er bei ihrer Formulierung der Menschenrechte unterstützt haben. Zurück in den USA, wurde Jefferson in Folge zum ersten Secretary of State, dann Vizepräsident unter John Adams und schließlich selbst zum Präsidenten gewählt. In seine zwei Amtszeiten fiel der Kauf der Kolonie Louisiana von Napoleon – ein Gebiet von rund einem Viertel der heutigen USA. Jefferson gründete auch die University of Virginia. Für seine umfassende Korrespondenz erfand er einen frühen Kopierer. Am 4. Juli 1826 verstarb er friedlich – am 50. Jahrestag der Unabhängigkeit.

Das Jefferson Memorial ehrt den dritten Präsidenten der USA. In der Mitte des künstlichen Sees liegen Steintafeln mit den Namen aller Unterzeichner der Unabhängigkeitserklärung. Rechts: Blick ins Memorial auf Jefferson.

ABRAHAM LINCOLN

Der Kinnbart und seine hagere Gestalt machten ihn unverwechselbar: »Honest Abe« Lincoln, der »ehrliche Abraham«, setzte Maßstäbe – nicht erst als 16. Präsident der USA. In einem armen Blockhaus in Kentucky geboren, eignete er sich seine umfassende Bildung vor allem selbst an. Nach harter Farmarbeit, einer Kaufmannslehre und freiwilligem Kriegsdienst ging der leidenschaftliche Redner in die Politik, um die Verkehrswege und Schulen auf dem Land zu verbessern. Auch gegen die Sklaverei richtete er sich, wie schon sein Vater, als er sich in seiner Partei und als Anwalt langsam nach oben arbeitete. Zwar ging der Republikaner Lincoln 1836 für Kentucky in den US-Kongress, bevorzugte aber doch sein Anwaltsdasein – bevor ihn der zunehmende Streit um die Sklaverei wieder in die Politik brachte. In einer viel beachteten Rede 1858 formulierte Lincoln: »Ich glaube nicht, dass diese Regierung auf Dauer überleben kann, wenn sie halb für die Sklaverei ist und halb für die Freiheit«. Zwei Jahre später gewann er die Präsidentschaftswahlen und arbeitete für das Ende der Sklaverei. Der folgende Sezessionskrieg zwischen Süd- und Nordstaaten währte fünf Jahre, doch kurz vor dessen Ende wurde er von einem Extremisten aus dem Süden erschossen. Nach 20 Tagen landesweiter Trauer begrub man Lincoln in seiner Heimat Springfield.

Die Präsidentschaft von Abraham Lincoln ist eine der bedeutendsten in der amerikanischen Geschichte. Er führte die Nordstaaten durch den Bürgerkrieg, unter seiner Führung wurde das Land ein zentral regierter Industriestaat.

THOMAS JEFFERSON

ABRAHAM LINCOLN

SOUTH ATLANTIC STATES 147

WASHINGTON, D.C.: SMITHSONIAN AMERICAN ART MUSEUM

Wer das gesamte Kunstspektrum des Landes kennenlernen will, besucht am besten das American Art Museum: Hier ist moderne Kunst aus den Städten ebenso zu sehen wie Volkstümliches vom Land, religiös inspirierte Werke oder auch Abstraktes. Hier finden sich die Yellowstone-Landschaften Thomas Morans neben den Blüten Georgia O'Keeffes, die feinen Porträts Edward Hoppers neben Videoinstallationen Nam June Paiks. Während die ersten Objekte schon 1829 gesammelt wurden, waren sie an wechselnden Orten unter verschiedenen Namen zu finden. Erst seit 1968 stehen sie im aktuellen Gebäude mit seiner sehenswerten geschwungenen Architektur. Auch die kleine historische Renwick Galerie am Weißen Haus gehört zum American Art Museum. Einen Blick in die Museumsarbeit eröffnen die großen Fenster des Lunder Conservation Center, wo Werke nach allen Regeln der Kunst konserviert werden.

Die Exponate im American Art Museum sind didaktisch wertvoll und sehr kinderfreundlich ausgestellt. Ein neuer zentraler Innenhof mit Glasdach wurde 2007 eröffnet.

WASHINGTON, D.C.: NATIONAL PORTRAIT GALLERY

Die Präsidenten haben ihren eigenen Saal: in der »Hall of Presidents« – so gut wie alle Staatschefs in der Geschichte der USA finden hier einen Platz, rund um das berühmte »Lansdowne Portrait« von George Washington. Doch auch rund 20 000 andere Porträts als Gemälde, Skulptur, Zeichnung oder Fotografie bevölkern die National Portrait Gallery. Sie teilt sich mit dem National Art Museum das geschützte »Old Patent Office Building«. Der Grundstock der Galerie geht ebenfalls auf Andrew W. Mellon zurück, weil dessen gestiftete Kunstsammlung auch zahlreiche Porträts enthielt. Neben den Präsidenten sind als Klassiker auch Charlie Chaplin oder Paul Cézanne vertreten. Heute lockerer, waren die Auswahlkriterien anfangs sehr strikt: Nur historisch bedeutende Personen, seit mehr als zehn Jahren tot und per Kommission zugelassen, durften als Porträt in dem Museum hängen.

Nicht nur »in Öl« werden die bedeutenden Persönlichkeiten des Landes dargestellt, auch in anderen visuellen Formen und als Skulptur werden sie in den Gängen des Gebäudes präsentiert. Rechts: George Washington.

WASHINGTON, D.C.: SMITHSONIAN AMERICAN ART MUSEUM

WASHINGTON, D.C.: NATIONAL PORTRAIT GALLERY

WASHINGTON, D.C.: CHINATOWN

Ursprünglich war die Gegend von Washingtons Chinatown fest in der Hand der deutschen Immigranten, auch heute noch hat das Goethe-Institut hier seinen Sitz. Die Straßenzüge zwischen 6th und 8th Street Northwest und I und H Street Northwest sind mittlerweile aber die kleine Enklave der chinesischen Einwanderer. Noch in den 1930er-Jahren befand sich die Chinatown in einem Gebiet, das heute als Federal Triangle bekannt ist und in dem zahlreiche der Ministerien und Bürogebäude der US-Regierung untergebracht sind. Washingtons Chinatown ist längst nicht so groß und bedeutend wie die von New York oder San Francisco, besticht aber durch einen gemütlichen Charme. Zahlreiche chinesische Restaurants und Läden säumen die Straßen, in denen allerdings längst nicht mehr nur Chinesen wohnen, das Viertel ist zu einem multikulturellen Ort geworden.

WASHINGTON, D.C.: CHINATOWN

Unten: Durch ein riesiges Fenster können Passanten bei diesem Restaurant in Washingtons Chinatown einen Blick in die Küche werfen und beim Herstellen von Klößen, Nudeln oder gebratenen Enten in die Kochtöpfe gucken. Der Friendship Arch (links) an der H Street markiert einen der Zugänge zu dem chinesischen Stadtviertel und wurde 1986 als Symbol für die Verbindung zur Partnerstadt Peking geschaffen.

ANTIETAM NATIONAL BATTLEFIELD

Es war der 17. September 1862, als der amerikanische Bürgerkrieg auch geografisch die Nordstaaten erreichte. Auf einem Feld in der Nähe der Stadt Sharpsburg, Maryland, trafen zum ersten Mal in einem größeren Ausmaß die Unionssoldaten auf heimatlichem Territorium auf ihre verfeindeten Brüder aus dem Süden. Bisher hatten die Schlachten ausschließlich in den Südstaaten stattgefunden. Und der Tag sollte als der blutigste in der Geschichte des Sezessionskrieges eingehen: Über 23 000 Soldaten fanden in der Schlacht ihren Tod, nie mehr in der amerikanischen Geschichte starben mehr Männer an einem einzigen Tag. Wie auch in den meisten Schlachten waren die Nordstaaten den Konföderierten überlegen und trugen einen knappen Sieg davon, wobei im Angesicht der Verluste niemand von einem Sieg sprechen wollte.

ANTIETAM NATIONAL BATTLEFIELD

Heute führen Freiwillige über die »Bloody Lane« und zeigen Besuchern die Schlachtorte. Regelmäßig wird die »Antietam Memorial Illumination« veranstaltet, wo für jeden der über 23 000 Toten eine Kerze entzündet wird. Links: Die Burnside's Bridge führt über den Antietam und spielte eine Schlüsselrolle in der Schlacht von 1862. Lange Zeit konnten die Konföderierten die Brücke kontrollieren.

RICHMOND

Die ehemalige Hauptstadt der Konföderierten Staaten von Amerika (Confederate States of America, C.S.A.) atmet auch heute noch den Geist des Alten Südens. Weite Alleen und herrschaftliche Villen erinnern an die Zeit vor dem Bürgerkrieg. An der Monument Avenue stehen Statuen zahlreicher Bürgerkriegsgeneräle. Im Museum of the Confederacy wird die Geschichte des Bürgerkriegs vom Standpunkt der Verlierer beleuchtet. Das State Capitol am Capitol Square, das Thomas Jefferson entwarf, gilt als erster neoklassizistischer Bau der USA. Hier befindet sich auch die einzige Statue, für die George Washington persönlich Modell gestanden hat. Der Canal Walk am Nordufer des James River empfiehlt sich für einen ausgedehnten Spaziergang. Mit seinen viktorianischen Häusern hat sich die Stadt das Flair des Alten Südens bewahren können.

RICHMOND

Noch immer ist Richmond die Hauptstadt des US-Bundesstaats Virginia und als solche besitzt sie das State Capitol Building. Das Gebäude stammt schon aus dem Jahr 1788, in seiner Rotunde steht ein Denkmal des George Washington (unten). Wesentlich moderner zeigt sich die Sykline von Richmond bei Nacht (links), die sich am James River erstreckt. Der Fluss bietet mit The Falls ein herrliches Paddelgebiet.

POTOMAC RIVER: GREAT FALLS

Der Potomac River hat seinen Ursprung in den Appalachen in West Virginia und mündet nach über 500 Kilometern in die Chesapeake Bay. Seine beiden Quellflüsse, North Branch Potomac River und South Branch Potomac River, vereinigen sich unweit von Cumberland an der Grenze zwischen Maryland und West Virginia. An seinem Oberlauf ist das Gewässer rau und tost über unzählige Stromschnellen, ab Washington, D.C., ist es schiffbar und vor seiner Mündung auch mehrere Kilometer breit. Die Stromschnellen und Wasserfälle, die Great Falls, sind heute Teil eines Nationalparks. Mit dem Boot sind die Fälle, die sich aus kleineren, gefährlichen Kaskaden zusammensetzen, nicht befahrbar. Der viertgrößte US-amerikanische Fluss entlang des Atlantiks gilt als Trinkwasserquelle für zahlreiche Anrainerstädte, auch für Washington, D.C., und die Umgebung.

Nur etwa 20 Kilometer stromaufwärts von Washington, D.C., gelegen, befinden sich die Great Falls des Potomac River. Über Stromschnellen und markante Klippen sucht sich das Wasser schäumend seinen Weg. Mit dem Kajak kann man das Gewässer hier nicht befahren.

ARLINGTON NATIONAL CEMETERY

Auf traurige Weise beeindruckend sind die schier unendlichen Reihen weißer Grabsteine, die sich über die sanften grünen Hügel des Nationalfriedhofs Arlington ziehen. Am Ufer des Potomac River jenseits der Hauptstadt finden hier seit 1864 gefallene Soldaten ihre letzte Ruhe. Eingerichtet zur Zeit des Sezessionskrieges, dessen Schlachten damals in der Region tobten, belegt der zweitgrößte aller US-amerikanischen Friedhöfe heute rund 2,5 Quadratkilometer. Jedes Jahr werden mehr als 5000 Menschen beerdigt. Das umfasst aktive und ehemalige Mitglieder der Streitkräfte wie auch die Präsidenten William Howard Taft und John F. Kennedy. Ein Grabmal ehrt alle unbekannten Soldaten. Andere gedenken der Opfer des Flugzeugabsturzes bei Lockerbie oder der Space-Shuttle-Katastrophe. Gedenkzeremonien finden im marmornen Amphitheater einen würdigen Rahmen.

Jedes aktive Mitglied der US-amerikanischen Streitkräfte darf hier beigesetzt werden, ebenso alle Veteranen, die ehrenhaft aus dem Dienst entlassen wurden und die Witwen bzw. Witwer der Angehörigen der Streitkräfte. Beigesetzt werden dürfen auch die Präsidenten.

POTOMAC RIVER: GREAT FALLS

ARLINGTON NATIONAL CEMETERY

SOUTH ATLANTIC STATES

GEORGE WASHINGTON

George Washington, der erste Präsident der Vereinigten Staaten von Amerika, war parteilos und verzichtete nach achtjähriger Regierungszeit freiwillig auf sein Amt. Geboren wurde er 1732 auf einer Plantage in Virginia. Als Kommandeur der amerikanischen Armee spielte er eine wichtige Rolle im Unabhängigkeitskrieg. Seinen Amtseid leistete er am 30. April 1789 in der ursprünglich als Rathaus errichteten Federal Hall an der New Yorker Wall Street, die nach der Amerikanischen Revolution ein Jahr lang den Kongress beherbergte. George Washington starb am 14. Dezember 1799, da war sein Nachfolger John Adams, ein bedeutender Historiker und Geschichtsphilosoph, der 1783 den Frieden mit Großbritannien schloss, seit zwei Jahren im Amt. Um den Mann George Washington ranken sich viele Mythen, so wird von ihm gerne die Geschichte kolportiert, dass er schon als kleiner Junge nicht in der Lage gewesen sei, eine Lüge zu erzählen. Lieber habe er eine Bestrafung in Kauf genommen, sogar, als er aus purer Lust angeblich einen Kirschbaum fällte. Auch hält sich hartnäckig die Legende, er habe es geschafft, einen Silberdollar über den Potomac River zu werfen. Mal davon abgesehen, dass es noch gar keine Silbermünzen zu seiner Zeit gab, ist der Wurf über einen mehr als 1500 Meter breiten Strom doch wohl eher eine Mär.

GEORGE WASHINGTON

»Mount Vernon and Peace« betitelte Jean-Leon Gerome Ferris sein 1784 geschaffenes Ölgemälde, das Washington inmitten seiner Familie auf seinem Landsitz zeigt (unten; links Mount Vernon heute). Auch der erste Präsident gehörte noch zu den Sklavenhaltern, erst in seinem Testament verfügte er die Freilassung aller 124 seiner Untergebenen. Allerdings blieben über 200 weitere im Besitz seiner Frau Martha.

SOUTH ATLANTIC STATES

BLUE RIDGE MOUNTAINS

John Denver besingt die Berge in seinem Hit »Take Me Home, Country Roads«. Tatsächlich sehen sie zart graublau aus, wenn der Nebel sich im Morgenlicht hebt: Die Blue Ridge Mountains verdanken ihre bläuliche Farbe typischen Ausdünstungen der dichten Mischwälder, in denen sich das Licht bricht. Der Höhenzug gehört zu den Appalachen und beherbergt deren höchsten Berg, den 2037 Meter hohen Mount Mitchell. Durch die hügelige Landschaft windet sich auf 750 Kilometern Länge der Blue Ridge Parkway, eine Panoramastraße, die den Shenandoah-Nationalpark in Virginia mit dem Great-Smoky-Mountains-Nationalpark in North Carolina verbindet. Mit Glück sehen die Autofahrer von der Straße aus nicht nur einen Wasserfall, sondern bekommen auch Schwarzbären oder Kojoten vor die Linse – besser sind die Chancen allerdings für jene, die sich zu Fuß in die Berge aufmachen.

Bei diesem Wetter machen die Berge ihrem Namen alle Ehre, denn bläulich schimmert die Hügelkette. Über den Parkway, der sich in weiten Teilen entlang der Bergkämme schlängelt, lässt sich die Landschaft gut erschließen.

SHENANDOAH NATIONAL PARK

Der im Jahre 1935 gegründete Shenandoah-Nationalpark nimmt einen großen Teil der malerischen Blue Ridge Mountains ein, die sich östlich der Appalachian Mountains zwischen Pennsylvania und Georgia erstrecken. Von Osten nach Westen fließt der Shenandoah River durch das Tal. Im 19. Jahrhundert hatten sich hier zahlreiche europäische Siedler in den Bergen niedergelassen. Ihre Nachfahren leben außerhalb der geschützten Gebiete noch immer in winzigen Dörfern und auf Farmen. Der 164 Kilometer lange Skyline Drive, eine der schönsten Aussichtsstraßen der USA, durchquert den Park von Norden nach Süden und gewährt fantastische Ausblicke auf die Bergtäler und Wälder. Über 800 Kilometer markierte Wanderwege gibt es im Nationalpark, darunter ein Abschnitt des 3500 Kilometer langen Appalachian Trail, einem der längsten Fernwanderwege der Welt.

Rechts: Die herbstlichen Nebel, die morgens aus den Flusstälern aufsteigen, lüften den Schleier über einer rauen Wildnis, deren Schönheit sich im ganz Großen zeigt, aber auch in den vielen kleinen Details am Wegesrand (unten).

BLUE RIDGE MOUNTAINS

SHENANDOAH NATIONAL PARK

ALEXANDRIA

Fast könnte man Alexandria für einen Vorort Washingtons halten. Obgleich nur zehn Kilometer südlich der Hauptstadt gelegen, ist Alexandria aber eine eigene Stadt mit 150 000 Einwohnern. Am hier seenartig verbreiterten Potomac River ist eine erste Siedlung an dieser Stelle schon vom Ende des 17. Jahrhunderts überliefert. Heute bildet die rasterförmig angelegte »Old Town« von 1749 das historische Zentrum Alexandrias. Die schmalen Straßen mit alten Stadthäusern, kleinen Läden, Galerien und Restaurants sind bei Einheimischen und Touristen gleichermaßen beliebt. Der Marktplatz ist einer der ältesten in den Vereinigten Staaten. Weitere Publikumsmagnete sind das Gadsby's Tavern Museum – eine Kneipe aus der Zeit des Unabhängigkeitskriegs – sowie der Freimaurertempel zu Ehren des ersten US-Präsidenten, das George Washington National Masonic Memorial.

Seit 1749 gehört Alexandria mit seinen historischen Häusern und Alleen zu den schönsten Städten von Virginia. Unten: Im Freimaurertempel steht ein Denkmal von George Washington, der seit 1752 den Freimaurern angehörte.

MONTICELLO

Auf dem Landgut Monticello bei Charlottesville wohnte Thomas Jefferson, der dritte Präsident der Vereinigten Staaten. Der Autor der amerikanischen Unabhängigkeitserklärung erstellte selbst die Pläne für den »Kleinen Berg«, wie Monticello auf Italienisch heißt. Ab 1768 arbeitete Jefferson an den Plänen für das Herrenhaus im neoklassizistischen Stil, stark vom italienischen Renaissancearchitekten Andrea Palladio inspiriert. Das Haus, das früher von einer großen Plantage umgeben war, gehört heute zu den wichtigsten Gebäuden aus den Gründerjahren der USA. Auch seine Einrichtung ist weitestgehend erhalten. Zusammen mit der ebenfalls von Jefferson entworfenen Universität von Virginia gehört Monticello seit 1987 zum Welterbe und ziert seit 1983 die Rückseite der amerikanischen 5-Cent-Münze. Als Museum ist das Herrenhaus heute öffentlich zugänglich.

Östlich von Charlottesville, der Heimat der University of Virginia, liegt das herrschaftliche Wohnhaus von Thomas Jefferson, dem legendären Staatsgründer und dritten Präsidenten der Vereinigten Staaten von Amerika.

WILLIAMSBURG

Hier scheinen die Uhren stehen geblieben: Die Kleinstadt Williamsburg ist mit ihren rund 12 000 Bewohnern ein lebendiges Museum. Große Teile des Ortes sind als »Colonial Williamsburg« im Stil des 18. Jahrhunderts restauriert und stehen seit 1931 unter Denkmalschutz. In der historischen Christiana Campbell Tavern trank schon George Washington sein Bier und sowohl Capitol als auch Governor's Palace sind Sinnbild für die Entstehung der USA. Die Epoche der Nationenbildung sollte mit der Rekonstruktion Williamsburgs gebührend gewürdigt werden – so beteiligte sich John D. Rockefeller finanziell und gestalterisch an dem Projekt, die Stadt zu rekonstruieren. Heute sind die meisten Gebäude für Besucher geöffnet und historisch gekleidete Williamsburger laufen durch die Straßen. Mehr als eine Million Touristen kommen jedes Jahr, um die Museumsstadt zu erleben.

Handwerker arbeiten in historischer Tracht und mit Originalwerkzeugen, vornehm gekleidete Kolonisten steigen in teuren Herbergen ab und Kutscher diskutieren in den Tavernen. Das sind die Szenen in diesem Living History Museum.

JAMESTOWN ISLAND

Bereits 13 Jahre vor der legendären »Mayflower« landeten Auswanderer an der Küste Virginias: Im Jahr 1607 erreichten gut 100 Engländer in drei kleinen Schiffen eine Insel im heutigen James River, die sie nach dem englischen König James I. erst James Fort, später Jamestown nannten. Waren die Siedler in den ersten Jahren oft durch Hunger, Indianerangriffe und Krankheiten bedroht, besserte sich die Lage, als sie mit dem Anbau von Tabak begannen. Dieser war bald ein Exportschlager. Am 30. Juli 1619 trat in Jamestown die Generalversammlung von Virginia zusammen – zugleich die erste gesetzgebende Bürgerversammlung in der neuen Nation. Heute kommen Besucher, um in der »Olde Towne« historische Mauerreste und im »Archaearium« Originalgegenstände aus dem 17. Jahrhundert zu besichtigen. In einer Glasbläserei stellen Handwerker Glas her wie damals.

Die Rekonstruktionen der drei Segelschiffe von 1607 liegen im Hafen von Jamestown. Sie lassen noch gut erahnen, wie beschwerlich und gefährlich die monatelange Reise von England nach Virginia war.

BABCOCK STATE PARK

Mit nur rund 17 Quadratkilometern vergleichsweise winzig ist der Babcock State Park im kleinen West Virginia. Er verläuft entlang einer bewaldeten Schlucht, der New River Gorge. Während der Fluss als wohl beste Stelle der USA für das Wildwasser-Raften gilt, sind die Sandsteinklippen bei Kletterern sehr beliebt. Eines der meistfotografierten Motive West Virginias aber ist die Glade Creek Grist Mill, eine Wassermühle in vollem Betrieb, die die einst 500 Mühlen des Bundesstaats repräsentiert. Im Jahr 1976 wurde sie der nahe gelegenen Cooper's Mill nachempfunden, aus Teilen dreier anderer Schrotmühlen. Noch heute mahlt sie Mais- und Buchweizenmehl, aus dem hungrige Wanderer beim nächsten Feuerplatz traditionelles Fladenbrot backen können. Benannt ist der Park nach einem fortschrittlichen frühen Bürgermeister von Pittsburgh.

BABCOCK STATE PARK

Abseits der befahrenen Highways präsentieren sich die Südstaaten mancherorts noch wie in alten Zeiten. Unten: Im Jahr 1976 wurde der Nachbau der Glade-Creek-Grist-Mühle im Babcock-Schutzgebiet errichtet. Links: Die Laubfärbung im Herbst verzaubert die waldreiche Landschaft. Felsige Canyons, forellenreiche Bäche und malerische Aussichtsplätze begeistern zudem die Besucher.

RALEIGH

Die »Stadt der Eichen« wird Raleigh, die Haupstadt des Bundesstaates North Carolina, auch genannt, weil im Stadtzentrum viele Eichenbäume die Straßen flankieren. Auch sie waren Teil des Stadtgründungsplans, der ab 1788 propagiert wurde, um für North Carolina eine geeignete Kapitale zu schaffen. So wurde Raleigh auf dem Reißbrett entworfen – als eine der ersten Städte in den USA überhaupt –, und als ihr Zentrum wurde das State Capitol Building gesetzt, um das sich alles andere herum gruppiert. Das erste Gebäude fiel einem Feuer zum Opfer, im neoklassizistischen Haus aus dem Jahr 1833 tagt heute allerdings nicht mehr das Parlament, es ist vielmehr der Amtssitz des Gouverneurs. Da die Stadt den meisten Angriffen im Bürgerkrieg knapp entging, hat sie noch viele historische Gebäude in ihrer Altstadt zu bieten, die oft direkt neben modernen Wolkenkratzern stehen.

Modern zeigt sich die Downtown von Raleigh (unten) mit ein paar wenigen Hochhäusern. Rechts: Die historische Kammer des Repräsentantenhauses von North Carolina im North Carolina State Capitol.

DURHAM

Fast wähnt man sich auf einem altehrwürdigen Campus irgendwo in England: Dabei steht man mitten auf dem Gelände der Duke University in Durham, North Carolina. Schuld an dieser Täuschung hat vor allem der prächtige Bau der – bescheiden nur – Duke Chapel genannten Universitätskirche. Der Turm ist dem der Canterbury Cathedral nachempfunden und 64 Meter hoch. Noch spannender als sein Äußeres ist aber seine Entstehungsgeschichte: Der Industrielle James Buchanan Duke engagierte 1930 als Architekten Julian F. Abele, erster afroamerikanischer Absolvent einer Architektenschule in den USA. Dieser hatte für ihn bereits sein Wohnhaus in New York City entworfen. Die kleine Stadt Durham ist durch und durch von studentischem Leben geprägt, neben der Duke University sind hier auch noch drei weitere Hochschulen zu Hause. Die zahlreichen Studenten sorgen für ein lebhaftes Kulturprogramm der gemütlichen Stadt mit ihren über 200 000 Einwohnern.

Die Duke Chapel auf dem Westcampus ist heute eine ökumenische Kirche (alle Abbildungen).

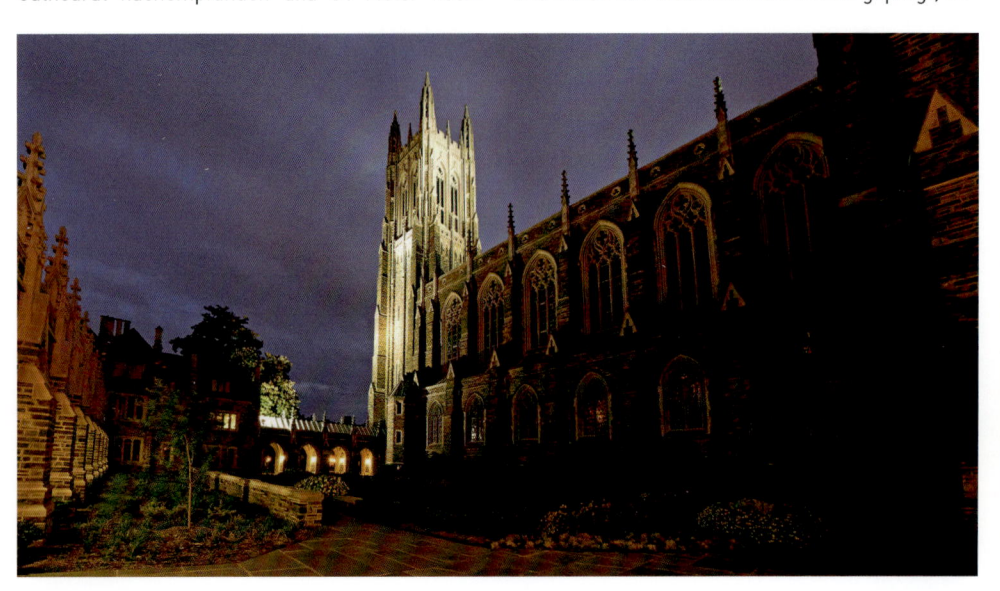

RALEIGH

DURHAM

CAPE HATTERAS NATIONAL SEASHORE

Leuchttürme können nicht laufen. Doch wer das schwarz-weiß gebänderte, 1870 erbaute Cape Hatteras Lighthouse länger nicht besucht hat, könnte es fast glauben: 1999 wurde der größte Leuchtturm Nordamerikas um fast 900 Meter versetzt – im Ganzen! Grund für den Umzug war die näher gerückte Küste, die die Fundamente anzugreifen begonnen hatte. Denn der Schutzpark um Cape Hatteras befindet sich im Wandel: Wind, Wellen, Meeresströmungen und Stürme formen die zu North Carolinas Outer Banks gehörenden Düneninseln. Sie laden zum Fischen, Muschelsammeln, Surfen, Kajaken oder zu langen romantischen Strandspaziergängen ein. Als berühmtester Besucher der Inseln gilt der Pirat Blackbeard. Er machte die von der »National Seashore« umfasste Insel Ocracoke vor 300 Jahren zum Ausgangspunkt für Raubzüge zu den Inlandhäfen von North Carolina.

Früher waren die Gewässer am Kap Hatteras als ausgesprochen gefährlich bekannt. Grund dafür waren die schwer einzuschätzenden Sandbänke und Stürme. Heute ist das Gebiet als National Seashore ausgewiesen: ein Naturschutzgebiet mit Erholungsnutzung.

BODIE ISLAND

Anders als ihr Name vermuten lässt, ist die lang gestreckte Bodie Island vor North Carolinas Küste nur eine Halbinsel. Doch Namen bewahren häufig Geschichte: Tatsächlich war Bodie Island einst eine Insel, bis sie im Laufe der Zeit, der Wellenbewegungen und Winde mit der Halbinsel Currituck Banks vor dem Festland zusammenwuchs. Von der Spitze des Bodie-Island-Leuchtturms lässt es sich nicht nur weit übers Meer schauen. Sie ist bekannt für ein gruseliges Kapitel der Schifffahrtsgeschichte: Dieser Küstenabschnitt heißt im Volksmund auch »Friedhof des Atlantiks«: Der Inselname, der wie »body« – »Körper« – ausgesprochen wird, könnte nach den Opfern der vielen Schiffsunglücke benannt sein. Oder nach der Familie Body, die hier einst siedelte. Beim Ort Nags Head liegt die mit fast zwei Quadratkilometern Fläche größte Sanddüne der Ostküste – Jockey's Ridge.

Bereits seit dem Jahr 1847 steht an dieser Stelle, sechs Kilometer nördlich von Oregon Inlet, ein Leuchtturm. Er wurde in den letzten Jahren saniert und strahlt nun wieder schmuck in die Weite des Ozeans hinaus.

PEA ISLAND

Entlang der Outer Banks liegt ein Paradies für Küstenvögel, Gänse, Enten, Schwäne und Schreitvögel, das bis in die 1930er-Jahre für Vogeljäger eine beliebte Anlaufstelle war. 1938 wurde das Areal aber zum National Wildlife Refuge erklärt. Ein besonderer Höhepunkt im Jahreslauf, vor allem für Kinder, ist noch immer das »Krabben-Rodeo« – ein abenteuerliches Wettfangen. Wem dabei allerdings kleine Meeresschildkröten in den Kescher schwimmen, der muss sie wieder frei lassen. Nach einem Regentag können aufmerksame Besucher auf die Spuren der seltenen Roten Wölfe stoßen, die nahe-

CAPE HATTERAS NATIONAL SEASHORE

CAPE LOOKOUT NATIONAL SEASHORE

zu ausgestorben waren und im Schutzpark einen Rückzugsraum erhielten. Andere Eindrücke von der Küstenlandschaft bekommen Paddler, wenn sie, allein oder auf geführten Touren, vom Meer aus dem Vogelkonzert lauschen. Tagsüber klingt es nie ab.

In den Dünen gedeiht der Strandhafer, er bietet Halt und schützt sie vor starkem Wind, der den Sand abträgt. Vor einem dramatischen Gewitterhimmel bieten sich eindrucksvolle Farbspiele, vor allem wenn die Gräser blühen.

Das schwarz-weiße Rautenmuster des Leuchtturms von Cape Lookout lässt sich schon von Weitem erkennen. Es markiert den südlichsten Teil der Outer Banks. Um den Turm kreisen Lachmöwen, am Strand können unter anderem Regenpfeifer, Braunmantelausternfischer, Schmuckreiher und Schneesichler beobachtet werden – zumindest an kühleren Tagen. Sobald die Sonne scheint, wimmelt es um den Leuchtturm vor allem von badenden Touristen. Dann ziehen sich die gefiederten Zweibeiner lieber zurück, und nur hoch oben halten Fischadler unbeirrt nach Beute Ausschau. Eine

Besonderheit des Areals sind die wilden Pferde, die in den Shakleford Banks leben. Ihnen können sich Abenteurer auf geführten »Horse Sense and Survival Tours« nähern. Wer hingegen im Zelt am Strand übernachtet, sieht vielleicht die Meeresschildkröten, wenn sie hier einmal im Jahr ihre Eier ablegen.

Mit seinem Rombenmuster ist dieser Leuchtturm unverwechselbar und auch ohne Beleuchtung weithin sichtbar. Von Mai bis September kann er von Mittwoch bis Samstag bestiegen werden.

SOUTH ATLANTIC STATES

CHARLOTTE

An der Kreuzung zweier alter Indianerhandelswege siedelten sich vor mehr als 250 Jahren europäische Einwanderer an und noch heute lässt sich das Handelsroutenkreuz im Stadtzentrum wiederfinden. Charlotte ist die größte Stadt von North Carolina, sie ist von Banken und Kirchen geprägt. Doch nicht nur Geld und Glaube bestimmen die Architektur: Seit 2010 können Besucher auch eine kleine Sammlung moderner Kunst der Nachkriegsära bewundern, im von Mario Botta entworfenen Bechtler Museum of Modern Arts. Und im städtischen Football-Stadion finden Spiele der Carolina Panthers und Konzerte statt. Ein Auftritt der Rolling Stones lockte 1997 mehr als 50 000 Fans hierher. Zudem öffnen Bierbrauereien ihre Pforten für Freunde des Hopfentrunks. Im Herbst gibt es den passenden Höhepunkt dazu: Auch Charlotte feiert ein großes »Oktoberfest«.

CHARLOTTE

Die Stadt blickt auf eine für Amerika lange Geschichte von über 300 Jahren zurück: Bevor die europäischen Auswanderer kamen, lebten hier die Sioux-Indianer. Charlotte ist heute eine moderne Stadt, ein wichtiges US-amerikanisches Finanzzentrum und beheimatet viele regionale und überregionale Banken und Finanzdienstleister. Insgesamt leben in der Stadt etwa 730 000 Menschen.

ASHEVILLE

GRANDFATHER MOUNTAIN

ASHEVILLE

Die Stadt ganz im Westen von North Carolina verdankt ihren Aufschwung der Eisenbahn, die seit 1880 in die Blue Ridge Mountains fuhr. Aus allen Teilen des Landes kamen Besucher, um die gesunde Bergluft zu genießen. Nach der Wirtschaftsdepression in den 1930er-Jahren erholte sich Asheville nur langsam und knüpfte erst mit der Eröffnung des Nationalparks und des Blue Ridge Parkway wieder an die glorreiche Vergangenheit an. Einige der prachtvollen Art-déco-Häuser aus den 1920er-Jahren wurden restauriert. Heute ist Asheville regelmäßig unter den Top-Ten in Stadtrankings der USA, wenn es um Lebensqualität geht, zu finden. Dafür sorgen ein reiches Kulturleben mit Musik und Theater und das Bemühen der Stadtregierung um eine besonders umweltbewusste Infrastruktur. Ein herrlicher botanischer Garten sorgt für viel Grün in der Stadt.

In dem 1895 erbauten Biltmore Estate, dem im Stil der französischen Renaissanceschlösser erbauten Wohnhaus des Milliardärs George Vanderbilt, zeigt man europäische Kunstwerke und Antiquitäten. Das Haus und der umgebende Park sind die Hauptattraktion in Asheville.

GRANDFATHER MOUNTAIN

Die höchste Erhebung im östlichen Bereich der Blue Ridge Mountains ist der Grandfather Mountain in North Carolina mit einer Höhe von 1818 Metern. Der Gebirgszug der Blue Ridge Mountains erstreckt sich von Pennsylvania im Norden bis Georgia im Süden und ist Teil der Appalachian Mountains Range. Die gesamte Region umfasst den Shenandoah-Nationalpark im Norden sowie den Great Smoky-Mountains-Nationalpark im Süden. Südlich des Grandfather Mountain verläuft der Blue Ridge Parkway, und auf dem aus der Ferne sanft geschwungenen Gipfel herrschen oft starke Winde. Hier oben gedeiht noch ein kleiner alter Fichtenbestand, der vom Aussterben bedroht ist. Jährlich werden auf dem Gelände um den Berg die Grandfather Mountain Highland Games veranstaltet – inklusive Baumstammwerfen und Steinstoßen, wie es die schottische Tradition verlangt.

Vom Grandfather Mountain schweift der Blick über die weitläufigen Mittelgebirgszüge der Blue Ridge Mountains. Die waldreichen Hügel verschmelzen im Abendlicht mit dem Horizont. Zu den Füßen des Berges steht die höchstgelegene Hängebrücke der USA.

PISGAH NATIONAL FOREST

1911 wurde der Weeks Act vom amerikanischen Kongress verabschiedet, der es der Regierung erlaubte, Land zu kaufen, dass sich an den Ufern schiffbarer Flüsse befand, mit dem Ziel, diese wirtschaftlich zu nutzen. In einem Nebensatz erlaubte das neue Gesetz es aber auch, Staatsforste zum Schutz der Natur einzurichten. Der erste Wald, der nach dem Inkrafttreten des Weeks Act erworben und zur Schutzzone eingerichtet wurde, war der Pisgah National Forest in den Appalachen North Carolinas. Hier wurde auch die erste Forstwirtschaftsschule Amerikas errichtet, die heute noch zu besichtigende Biltmore Forest School ist mittlerweile als »Cradle of Forestry in America« eine historische Gedenkstätte auf dem Biltmore Estate in Asheville. Wasserfälle, einige bis zu 1800 Meter hohe Berge und vor allem dichter Wald prägen den Pisgah National Forest noch heute.

PISGAH NATIONAL FOREST

Wander- und Radwanderwege erschließen den 2076 Quadratkilometer großen Park, Bäche laden zum Rafting ein. Die Linville Gorge Wilderness (links) ist Teil des Forsts und wird von einer tiefen Schlucht, die der Linville River gegraben hat, geprägt. Sie wird oft als der »Grand Canyon der Appalachen« bezeichnet. Unten: Im weiteren Verlauf stürzt sich der Linville bei Asheville über einen dreistufigen Wasserfall in die Tiefe.

GREAT SMOKY MOUNTAINS NATIONAL PARK

Der Great Smoky Mountains National Park liegt in den ehemaligen Jagdgründen der Cherokee-Indianer. 1837 wurden diese aus ihrer angestammten Heimat vertrieben und über den »Trail of Tears« (Weg der Tränen) nach Westen geschickt. Über 4000 Indianer starben unterwegs oder in Lagern. Mittlerweile leben die meisten ihrer Nachfahren in der Kleinstadt Cherokee. Heute ist der Tourismus im Great Smoky Mountains National Park eine willkommene Einnahmequelle. Schon seit 1926, als ein Teil der Berge unter Naturschutz gestellt wurde, gilt der offiziell im Jahr 1934 gegründete Nationalpark als eines der schönsten Naturschutzgebiete des US-amerikanischen Ostens. Ausgedehnte Wälder erstrecken sich bis zum Horizont, zerklüftete Felsen ragen aus dem dichten Grün. Kleine Gebirgsbäche verwandeln sich nach heftigen Regengüssen in Wasserfälle.

GREAT SMOKY MOUNTAINS NATIONAL PARK

Wer die Wolkenberge über den Great Smoky Mountains in North Carolina und Tennessee sieht, versteht den Namen sofort (links). Die »Smokies« beherbergen die dichteste Schwarzbärenpopulation im Osten der USA und eine große Salamandervielfalt. An den Flanken der Berge, die Teil der Appalachen sind und bis zu 2025 Meter hoch werden, dominieren dichte Laubwälder, von Bächen durchflossen (unten).

SOUTH ATLANTIC STATES

BLUE RIDGE PARKWAY

Vor allem für Motorradfahrer ist diese Straße ein Traum. Sie mäandert flussgleich neben den Blue Ridge Mountains entlang, bietet Höhenunterschiede von mehr als 1500 Metern und lockt mit zahlreichen Aussichtspunkten. In der Werbung heißt es: »Der Parkway ist mehr als eine Straße – er ist eine wunderschöne Reise.« Das bringt es auf den Punkt. Die Fahrt auf der 755 Kilometer langen Verbindung zwischen dem Shenandoah-Nationalpark im Norden und dem Great-Smoky-Nationalpark im Süden lohnt sich zu jeder Tages- und Jahreszeit. Ob die umliegenden Hügel geheimnisvoll im Nebel auftauchen oder die Sonne hinter den Bergkuppen glühend rot verschwindet, ob Sterne über der Szenerie blinken oder Sturmwolken über sie hinwegfegen, der Indian Summer sein üppiges Farbspiel zeigt oder im Winter die kahlen Bäume mit Raureif überzogen sind – dieser Weg ist in jedem Fall auch ein Ziel.

Am Linn-Cove-Viadukt breitet sich der Blick über die weite Nationalparklandschaft. Im Indian Summer ist das Farbenspektrum der Mischwälder ganz besonders schön. Hinter jeder Kurve entfaltet sich dann ein neues Farbenspiel.

SUMTER NATIONAL FOREST

Zusammen mit dem sumpfigeren Francis Marion National Forest stehen in South Carolina fast 2550 Quadratkilometer Waldfläche unter Naturschutz. Der Sumter National Forest wird in drei Rangerbezirke gegliedert, die jeweils drei nahezu geschlossene Waldflächen umfassen: den Andrew Pickens, den Enoree und den Long Cane. Für Paddler und Angler lohnt sich ein Abstecher zum wirbeligen Chattooga-Fluss im nördlich gelegenen Andrew Pickens. Der jährliche »Kids Fishing Day« macht es dort sogar kleinen Besuchern möglich, große Fische zu angeln. Mountainbiker kommen hier ebenfalls auf ihre Kosten und können sich auf dem weitverzweigten und gut ausgeschilderten Long Cane-Wegenetz austoben und Jagdlustige sollten sich nicht die Reh- und Truthahnsaison entgehen lassen.

Bei wenig Wasser kündigt nur ein leises Geräusch die Raven Cliff Falls im Sumter National Forest an. Steht man ihnen dann unmittelbar gegenüber, schimmert das herabfallende Wasser silbern über die Felsen. Knapp 20 Meter ergießt sich die Kaskade und sprudelt dabei auch durch einige steinige Naturpools.

178 SOUTH ATLANTIC STATES

BLUE RIDGE PARKWAY

SUMTER NATIONAL FOREST

SOUTH ATLANTIC STATES 179

COLUMBIA

Von den historischen Häusern der 1786 im Schachbrettmuster angelegten Hauptstadt von South Carolina überlebte nur das State House: Sechs Bronzesterne markieren die Einschläge der Kanonenkugeln, die General William T. Sherman im Bürgerkrieg darauf feuerte. Das South Carolina Confederate Relic Room and Museum informiert über die Rolle South Carolinas im Krieg gegen die Nordstaaten. Der restaurierte historische Stadtteil Congaree Vista ist heute ein Szeneviertel mit Kunstgalerien, Restaurants und exklusiven Läden. Die Stadt mit ihren knapp 130 000 Einwohnern ist sehr grün, viele Stadtparks prägen das Bild, von denen der Finlay Park der populärste ist. Jeden Monat steigt irgendwo ein Straßenfest, zahlreiche Theater, Museen und Sportstadien sorgen für ein abwechslungsreiches Angebot an Freizeitaktivitäten.

COLUMBIA

In ihrer Funktion als Hauptstadt von South Carolina hat Columbia natürlich auch ein imposantes State Capitol aufzuweisen (beide Abbildungen). Vor dem Gebäude steht ein Reiterstandbild von Wade Hampton III. Er war ein – aufgrund seiner Verbindung zum Ku Klux Klan – nicht gänzlich unumstrittener Gouverneur des Bundesstaates, der aber eine wichtige Rolle im Bürgerkrieg gespielt hatte (unten).

CHARLESTON

Mit dem Gefühl des Schwebens nähern sich Besucher der Hafenstadt South Carolinas – wenn sie über die Arthur Ravenel Jr. Bridge kommen und von der vier Kilometer langen Brücke aus den ersten Blick auf die Silhouette der alten Sklavenhandelsstadt werfen. Die Überfahrt steht auch für eine Zeitreise, denn architektonisch gesehen, scheinen die Uhren in der Südstaatenschönheit vor 100 Jahren stehen geblieben zu sein. Viele der Häuser stammen aus viktorianischer Zeit. Aus den Bars dringen die zum Tanzen auffordernden Charleston-Klänge. Wer weiter in die Vergangenheit eintauchen will, der kann an einer »Gespenstertour« teilnehmen und sich die alten Geschichten der Stadt auf Friedhöfen oder in dunklen Gassen erzählen lassen. Ein schöner Ausgleich zu den Eindrücken aus der Vergangenheit ist der Waterfront-Park mit Seebrücke und dem »Pineapple Fountain«.

CHARLESTON

Großes Bild: In diesem für die Öffentlichkeit nicht zugänglichen Prachtbau von 1804 residiert die South Carolina Society. Drayton Hall, zwischen 1738 und 1742 von John Drayton als Sitz einer Reisplantage erbaut und nur 15 Kilometer nordwestlich von Charleston gelegen, gilt als architektonisches Meisterwerk und als Symbol der nationalen Identität (unten rechts). Links: Charlestons Containerhafen.

CHARLESTON: MAGNOLIA PLANTATION AND GARDENS

Seit 1676 gehören die Magnolia-Plantage und die umliegenden Gärten in den Besitz der Familie Drayton, mittlerweile kümmert sich die 15. Generation um die Pflege und die Erhaltung der Anlage in Charleston. Magnolia ist eine der ältesten Plantagen der USA, sie wurde ursprünglich für den Reisanbau angelegt – natürlich nur möglich unter der harten Arbeit von Hunderten afrikanischer Sklaven. Der Pfarrer John Grimke-Drayton erbte das Haus in den 1840er-Jahren und ließ die Gärten im Stil englischer Landschaftsparks umgestalten, Azaleen und Lebenseichen wurden gepflanzt. Das Haupthaus wurde im Amerikanischen Bürgerkrieg schwer beschädigt, ab 1870 öffnete ein weiterer Drayton-Erbe die Gärten für zahlende Besucher. Noch heute sind die Gärten und eine Ausstellung, die sich mit der Rolle der Sklaven befasst, eine der Hauptattraktionen von Charleston.

Die Gärten der Magnolia Plantation gehören zu den wenigen Vertretern der romantischen Landschaftsgartenkunst in den USA. Charakteristisch ist dafür, dass die Anlagen verspielter sind und im Einklang mit der Natur errichtet wurden.

CHARLESTON: MOUNT PLEASANT

Mount Pleasant ist eine Vorstadt von Charleston und vor allem bekannt für die Boone Hall Plantation. Die Plantage wird immer noch bewirtschaftet, seit über 320 Jahren schon. Erdbeeren, Tomaten, Kürbis, Gurken, Wassermelonen und Zuckermais werden hier angebaut und mit ihnen die Restaurants und Märkte der Umgebung versorgt. Auch diese Plantage hat eine dunkle Vergangenheit als Ort der Sklavenhaltung, heute kann man neun der dürftigen Unterkünfte besichtigen. Ansonsten ist im ruhigen Mount Pleasant vor allem das Patriots Point Naval & Maritime Museum sehenswert, das zahlreiche Museumsschiffe der U.S. Navy zeigt. Der Shem Creek verläuft durch den Ort mit seinen 75 000 Einwohnern und schafft eine natürliche Marschlandschaft, die nicht nur viele Tiere beheimatet, sondern auch zum Paddeln und Kajakfahren einlädt.

Eine etwa 1,6 Kilometer lange Allee mit Lebenseichen – auch Virginia-Eichen genannt – führt zum Haupthaus der Boone Hall Plantation, die schon oft für TV- und Filmproduktionen als Kulisse diente (unten).

CHARLESTON: MIDDLETON PLACE

Etwa 20 Kilometer außerhalb von Charleston liegt die Plantage Middleton Place. Sie war das Zuhause vieler Generationen der Middletons, einer bedeutenden Familie in der Vorbürgerkriegszeit der Südstaaten. Auch hier versuchten sich die Besitzer im Reisanbau, sie importierten im 17. Jahrhundert sogar Wasserbüffel aus der Türkei für die Arbeit auf den Feldern. Das Haupthaus ist heute nur noch in Ruinen erhalten, ein Museum ist im Südflügel, dem ehemaligen Gästehaus, untergebracht. Beeindruckend sind die riesigen Gartenanlagen, zu denen neben Elementen englischer Landschaftsparks mit Statuen und hohen Hecken auch fast unberührte Sumpfgebiete mit Zypressen gehören. Sie werden zu den bedeutendsten Landschaftsgärten der USA gezählt. Die ehemaligen Stallungen zeigen das harte Leben der Sklaven, aber auch deren handwerkliche Kunstfertigkeit.

Im nördlichen Bereich der Gärten von Middleton Place säumen zahlreiche Statuen die Wege. Bei der Gestaltung wurde nichts dem Zufall überlassen, alles ist nach einem bestimmten geometrischen Muster angelegt worden.

CHARLESTON: MOUNT PLEASANT

CAPE ROMAIN NATIONAL WILDLIFE REFUGE

Düneninseln prägen die Landschaft dieses Schutzgebiets in South Carolina, das eine Perle für Vogelfreunde ist. Gesichtet wurden in dem von Strandfauna und Küstenwäldern dominierten Areal mehr als 290 verschiedene Vogelarten. Neben Marmorschnepfen, Seeschwalben und Meerespelikanen lässt sich mit etwas Glück einer der hier nistenden seltenen Waldstörche beobachten. Ein Teil des Parks gehört zu den besonders naturbelassenen Gebieten Nordamerikas, darunter Bulls Island, die größte der Inseln um Cape Romain. Für Naturfotografen sind die toten Bäume des »Boneyard Beach«, des »Friedhofstrandes«, ein beliebtes Motiv. Die bleichen Stämme bilden bizarre Skulpturen im Sand. Schildkrötenfreunde können ab Mai zur Arterhaltung der Unechten Karrettschildkröte beitragen, wenn sie als Freiwillige die im Sand abgelegten Eier in sichere Gefilde tragen.

Rechts: Auf Ästen an Waldseen hält sich die Brautente am liebsten auf. Zur Genüge findet sie solch unberührte Gebiete auf Bulls Island, wo teilweise undurchdringlicher Farnwald die Vegetation beherrscht (unten).

FRANCIS MARION NATIONAL FOREST

Während der benachbarte Sumter National Forest eher für sportive Unternehmungen steht, verführt der Francis-Marion-Wald nördlich von Charleston durch seine wilde Schönheit zu langsamen Erkundungstouren. Wilde Orchideen wachsen an den Wegrändern. Wassermokassin- und Waldklapperschlangen gleiten durchs Unterholz. Die seltenen Kokardenspechte bauen ihre Höhlen in den hiesigen Sumpfkiefern. Einige der Areale gehören zu den naturbelassenen Gebieten, wie die Little Wambaw Swamp Wilderness – ein sumpfiges Gelände, in dem große Sumpfzypressen wie alte Riesen über Flächen wachen, die von Menschenhand verschont blieben. Im Sommer wachen hier Tausende Moskitos, die ihr Larvendasein unter Wasser beenden und neue Nahrungsquellen suchen. Deshalb sind Erkundungstouren in der Wildnis nur im Winter und den ersten Frühlingstagen zu empfehlen.

Die im stillen Wasser stehenden Sumpfzypressen bilden im Morgennebel eine verwunschene Szenerie (unten links). Die Schlauchpflanzen (unten rechts) sind fleischfressend und nur noch im Osten und Südosten der USA verbreitet.

CAPE ROMAIN NATIONAL WILDLIFE REFUGE

CONGAREE NATIONAL PARK

Wäre der Zugang zu den Echten Sumpfzypressen leichter gewesen, gäbe es den Congaree-Nationalpark heute wohl nicht. Ihr Überleben verdanken die alten Baumriesen dem flachen insektenreichen Wasser, in dem sie wachsen. Es lohnte einfach nicht die Kosten und Mühen, sie zu Holz zu verarbeiten. Heute gehört der Sumpfzypressenwald von Congaree zu den größten flächendeckenden Hartholzwäldern der USA. Zwischen Feuchtgebieten und trockenen Böden des Parks finden Otter, Rotluchse oder auch Wildtruthühner ihren Lebensraum. Im Wasser sind Kahlhechte und Forellenbarsche zu Hause, dazwischen behaupten Alligatoren ihr Reich. Sogar ein Hurrikan kann zur wachsenden Vielfalt von Flora und Fauna beitragen: Weil er die höchsten Bäume zum Umstürzen bringt, entstehen Biotope in den Tothölzern, so geschehen 1989 durch »Hurrican Hugo«.

Unten rechts: Die Sumpfzypressen wachsen zwar sehr langsam, aber mittlerweile sind sie so groß, dass ihr Gipfeldach zu den höchsten der Welt gehört. Unten links: Ein Zebraschwalbenschwanzschmetterling sitzt auf einer Blüte.

ATLANTA

Atlanta, seit 1868 die Hauptstadt des US-Bundesstaates Georgia, ist der »Neue Süden«: Futuristische Wolkenkratzer bestimmen die Skyline einer Stadt der Superlative, in der Giganten wie CNN, Coca-Cola und UPS zu Hause sind. Einst aus einem Handelsposten hervorgegangen, wurde die Stadt während des Bürgerkriegs niedergebrannt, doch die Einwohner bauten alles wieder auf. Atlanta entwickelte sich zur Vorzeigestadt eines neuen schwarzen Selbstbewusstseins, das auch Martin Luther King, Jr. zu verdanken ist, der in Atlanta geboren wurde und dessen berühmte Rede (»I Have A Dream«), die er am 28. August 1963 vor dem Lincoln Memorial in Washington, D.C., hielt, unvergessen ist. Im Martin Luther King, Jr. Center findet man das Geburtshaus und das Grab des stets Gewaltlosigkeit predigenden, am 4. April 1968 in Memphis, Tennessee, erschossenen Bürgerrechtlers.

ATLANTA

Futuristische Wolkenkratzer bestimmen das Stadtbild von Atlanta (beide Abbildungen, unten von der riesigen Anlage des CNN Center aus gesehen). Die Hauptstadt von Georgia ist eine Metropole der Rekorde: Die meisten Hotels, über 2000 Industriefirmen und der zweitgrößte Flughafen der USA gehören zu ihr. Für ein wenig Grün zwischen den Hochhäusern von Downtown sorgt der Woodruff Park.

COCA-COLA

Das Herz des Coca-Cola-Imperiums schlägt in Atlanta am Pemberton Place – benannt nach John Pemberton, dem genialen Erfinder dieses globalen Getränks. »The World of Coca-Cola« ist mehr als ein Museum, es ist eine Hommage an die Cola-Flasche, ihren Eroberungsfeldzug um die Welt und die an sie geknüpfte »Message« von Freiheit, Glück und Genuss. Im Jahr 1991 wurde die Ausstellung eröffnet, die seit 2007 in futuristischen Hallen residiert. Den Eingangsbereich zieren Cola-Flaschen aus aller Welt, Reklamesongs der letzten 60 Jahre erfüllen den Raum, und dann eröffnet sich eine Vielfalt weiterer Events rund um den Mythos »Coke«: Das Happyness Factory Theater präsentiert Werbekampagnen, das Abfüllen der Flaschen erlebt man in »Milestones of Refreshment«, und die Pop Culture Gallery zeigt den Einfluss von Coca-Cola auf die Popkultur. Trotz all der öffentlichen Darbietungen: Wohlgehütet bleibt die Rezeptur des Erfrischungsgetränks; sie liegt in einem Tresor im Museum verschlossen. Cola wurde ursprünglich als Medizin verkauft und sollte u.a. bei Kopfschmerzen, Impotenz und Verdauungsstörungen helfen. Das heute immer noch auf der ganzen Welt bekannte Logo mit der geschwungenen Schrift wurde bereits 1885 entworfen und blieb bis heute nahezu unverändert.

COCA-COLA

Am Pemberton Place besucht man The World of Coca-Cola – und das ist mehr als ein Museum, hier schlägt das Herz des Imperiums: Alte Werbeplakate, Flaschen aus über 60 Ländern und vieles mehr sind zu sehen. Auch wird aufgezeigt, wie sehr die »Coke« die amerikanische Kultur prägte, darunter auch mit einer Sonderausstellung zu »Santa Claus«, dessen Image der Konzern mitformte (ganz links).

CHATTAHOOCHEE-OCONEE NATIONAL FOREST UND AMICALOLA FALLS

Auch wenn der Name des Chattahoochee-Oconee National Forest nicht nach dem ersten Versuch einprägsam ist (Chattahoochee bedeutet »blühende Steine« in der Sprache der Muskogee-Indianer, Oconee »auf dem Wasser lebend« in der Sprache der Hitchiti), lohnt es dennoch, sich diesen Nationalforst zu merken. 1959 aus zwei getrennten Parks vereint, verfügt das Gebiet heute über mehr als 3500 Quadratkilometer Waldfläche, die zu herrlichen Wanderungen einlädt – besonders im Herbst, wenn der Indian Summer die Laubbäume in ein imposantes Farbenkleid taucht. Ganz in der Nähe liegen die Amicalola Falls, Teil und Hauptattraktion des gleichnamigen State Park. Die Wasserfälle stürzen sich 222 Meter in die Tiefe. Sie gehören mit dem Okefenokee-Sumpf, dem Providence-Canyon, den Radium- und den Warm-Quellen, dem Stone Mountain und der Tallulah-Schlucht zu den »Sieben Naturwundern Georgias«.

Die Landschaft des Chattahoochee-Oconee National Forest zeigt ihr schönstes Gesicht im Herbst, wenn die Bäume buntes Laub tragen. Die Amicalola Falls sind die höchsten – und schönsten – Wasserfälle Georgias (von links).

GEORGE L. SMITH STATE PARK

Wie eine Zeitreise erscheint ein Ausflug in den George L. Smith State Park in Georgia. Eine alte Getreidemühle, ein Sägewerk, eine überdachte Holzbrücke und ein Staudamm aus dem Jahr 1880 begrüßen als Erste die Besucher, die sich hier in zahlreichen Cottages einmieten oder auf Campsites im Zelt nächtigen können. An manchen Tagen kann man hier lernen, wie früher Maissirup hergestellt wurde. Aber auch sonst zeigt sich hier die Natur vielerorts so unberührt, wie sie es im 19. Jahrhundert noch war: Sumpfzypressen und Tupelobäume, mit Spanischem Moos bewachsen, säumen zahlreiche Gewässer und Bachläufe, in denen man paddeln und Kajak fahren kann. Biber bauen ungestört ihre Dämme, Reiher sitzen auf den Baumwurzeln und Schneesichler halten Ausschau nach Fischen, nach denen sie mit ihrem langen Schnabel picken können. Mit Glück begegnet man einer langsam kriechenden Georgia-Gopherschildkröte, dem offiziellen Staatsreptil des Bundesstaats.

Sumpfzypressen spiegeln sich im See des George L. Smith State Park, den man auf Holzbohlenwegen umrunden kann.

CHATTAHOOCHEE-OCONEE NATIONAL FOREST UND AMICALOLA FALLS

GEORGE L. SMITH STATE PARK

SAVANNAH UND MACON

Savannah wurde am 1. Februar 1733 gegründet, als der englische Seefahrer James Oglethorpe sich mit 120 Siedlern am Savannah River niederließ. Er plante die Siedlung auf dem Reißbrett, gruppierte die Häuser um 24 Plätze, die bis heute erhalten blieben. Im Fall eines Krieges mit den damals benachbarten Spaniern sollten sich die Bürger auf diesen Plätzen verschanzen können. Jeder davon entwickelte seinen eigenen Charakter und Charme.

In den 1950er-Jahren bewahrten verantwortungsvolle Bürger den historischen Stadtkern vor gierigen Spekulanten und retteten somit das historische Savannah für die Nachwelt. Auch Macon, wie Savannah in Georgia gelegen, hat historischen Charme: Die zum Glück im Bürgerkrieg verschonte Altstadt ist über zahlreiche Hügel verteilt und verzaubert mit viktorianischen Zuckerbäckerhäusern und herrschaftlichen Palästen.

SAVANNAH UND MACON

Großes Bild: Das Historic Hay House in Macon wurde im italienischen Neorenaissancestil zwischen 1855 und 1859 erbaut. Prachtvoll ausgestattet, wie hier das Wohnzimmer (links), fehlte es an keinem Luxus. Bildleiste von oben: Blick vom Treppenhaus ins Esszimmer des Hay House; Wohnzimmer im Juliet Gordon Low's House, Savannah; die meisten Südstaatenvillen hatten eigene Musikzimmer für Hauskonzerte.

MARSHLANDS – DIE SALZWIESEN DER SÜDSTAATEN

»An einer Welt des Marschs, die eine Welt der See eingrenzt: Gewunden nach Süden und gewunden nach Norden festigt das schimmernde Band des Sandstrands den Saum des Marschlands an den Schoß des Landes.« Zu solch überschwänglichen Worten fühlte sich der aus Georgia stammende Dichter Sidney Lanier inspiriert, als er in den 1870er-Jahren an den Golden Isles of Georgia angekommen war. Diese fünf Sandbankinseln sind in ihrer Landschaftsform typisch für die in einigen Landesteilen von Salzwiesen geprägte Atlantikküste Nordamerikas. Allein Georgia besitzt über 1600 Quadratkilometer Marschland – etwa ein Drittel des Gesamtbestandes dieser Vegetationsform –, die in Deutschland vor allem an der Nordseeküste vorzufinden ist. Die Gezeiten und das ewige Wechselspiel des Wassers bestimmen das Leben auf den Salzwiesen, die bei Flut überspült werden. Die Wiesen, die vom nährstoffreichen Plankton des Meeres profitieren, geben ihrerseits mit dem abfließenden Wasser zahlreiche Biostoffe an die Küstengewässer ab und sorgen für einen idealen Lebensraum für Fische und Krebstiere. Wat- und Küstenvögeln wie Reiher und Löffler, aber auch Waschbären bereiten die Salzwiesen ein reichhaltiges Nahrungsangebot, die hier nach Krebsen und Muscheln suchen.

MARSHLANDS – DIE SALZWIESEN DER SÜDSTAATEN

Unten: Der Kanadareiher ist die größte Reiherart in Nordamerika und ein ausgezeichneter Beutefänger. Dabei kann er stundenlang in derselben Pose verharren und Fische, Frösche und Krebse so in Sicherheit wiegen, bevor er blitzschnell zuschnappt. Hohes Gras steht auch in diesem Sumpfgebiet bei Savannah (links), das regelmäßig vom Salzwasser führenden Savannah River überspült wird.

TYBEE ISLAND

Fast fünf Kilometer öffentlicher Badestrand prägen die sieben Quadratkilometer große Insel, die zeitweilig »Savannah Beach« hieß und als Vorort der alten Südstaatenmetropole in Georgia galt. Ihr heute wieder eingesetzter Name entstammt der Sprache der Yuchi-Indianer, er bedeutet »Salz«-Insel. Alljährlich im Mai findet hier die »Beach-Bum-Parade« statt, eine Wasserpistolenschlacht im großen Stil. Die Tradition entstammt den 1980er-Jahren, als sich zwei Mannschaften nach einem Softball-Spiel mit Wasserbomben zu bewerfen begannen. Eine andere Bombe hatte Tybee Island, den östlichsten Punkt Georgias, schon früher einmal zu unrühmlicher Berühmtheit gelangen lassen: Während eines militärischen Trainings musste eine Atombombe ungeplant abgeworfen werden. Sie detonierte nicht und ist seit dem Abwurf verschollen. Als Tybee-Bombe ging sie in die Geschichtsbücher ein.

Idyllische Feuchtlandschaften wie hier der Chimney Creek prägen die kleine Insel im Inland. Ansonsten wird sie von weitläufigen Stränden mit einem Leuchtturm umkränzt.

SAPELO ISLAND

Auf der schmalen Düneninsel vor der Küste Georgias leben noch heute Nachfahren ehemaliger Plantagenarbeiter: Hog Hammock ist eine kleine amerikanisch-afrikanische Siedlung, die seit der Sklavenbefreiung Mitte des 19. Jahrhunderts existiert. Anfang des 18. Jahrhunderts war auf Sapelo Island eine große Plantage entstanden, zu deren Bewirtschaftung eigens 400 Sklaven von Westafrika und den Karibischen Inseln herbeigeholt wurden. Doch Besucher der Insel, die größtenteils in staatlicher Obhut ist, interessieren sich meist eher für ökologische Zusammenhänge der Region. Auf Sapelo Island erforscht und schützt das Georgia Marine Institute die gefährdeten Tiere und Pflanzen des Meeres wie Weißkopfseeadler oder den Atlantischen Nordkaper. Das Estuarine Research Reserve befasst sich mit Flora und Fauna des Mündungsgebiets.

Idyllische Szenerien, Einsamkeit und viel Ruhe bietet die kleine Insel Sapelo. Wer hier Urlaub macht, muss damit rechnen, nicht überall Handyempfang zu haben. Ideal für alle, die dem Alltag einige Zeit entkommen möchten.

JEKYLL ISLAND STATE PARK

Passend zum Namen hat diese kleine Insel vor Georgias Küste zwei unterschiedliche Gesichter. Im naturbelassenen Süden mit den Salzwiesen und geschützten Stränden leben Weißwedelhirsche. Einmal im Jahr legen Meeresschildkröten ihre Eier ab. Fischreiher warten in den Ästen des Küstenwaldes auf Gelegenheit zum Fang. Im mondänen Norden dagegen laden Strandbars und Golfplätze zu weltlicheren Vergnügen ein. Sie gehen auf die Nutzung der Insel durch den Jekyll Island Club zurück, dem bis in die 1940er-Jahre die gesamte Insel gehörte. In den teils denkmalgeschützten viktorianischen Räumen des Jagdclubs, gegründet für reiche Nordamerikaner, soll Anfang des 20. Jahrhunderts das Zentralbanksystem der United States geplant worden sein. Seitdem die Insel in Staatshand ist, liegen menschliches Lärmen und die Stille wilder Strände nur wenige Meter voneinander entfernt.

Die knorrigen Silhouetten windgepeitscher Eichen und Kiefern säumen das Eiland. Als eine der »Goldenen Inseln Georgias« bieten die Strände und Salzmarschen Schildkröten und Vögeln eine Heimat.

CUMBERLAND ISLAND

Bekannt ist Cumberland Island vor der Küste von Georgia aufgrund seiner verwilderten Pferde. Englische Siedler brachten sie wohl vor 300 Jahren mit. Heute leben die Vierbeiner als Könige der südlichsten und größten Düneninsel Georgias ihr eigenes Leben. Sie wandeln unter uralten moosbehangenen Eichen, zwischen denen die Efeu umrankten Ruinen der Plantagenzeit stehen und an ein düsteres Kapitel nordamerikanischer Geschichte erinnern. Insgesamt 23 fragile Ökosysteme beherbergt die Insel. Sie gilt als Geheimtipp unter Liebhabern unberührter Natur. Vogelfreunde können Braunmantelausternfischer, kleine Seeschwalben und wilde Truthähne beobachten. Meeresschildkröten nutzen die Strände zur Eiablage. Eine Besonderheit sind aber auch die großen Haivorkommen rund um die Insel. Zu erreichen ist Cumberland Island per Fähre ab St. Mary.

Mit eleganten Tänzen werben sie um ihr Weibchen: Obwohl sie am Boden so massiv und gedrungen wirken, sind Truthähne gute Flieger und können sogar eine Geschwindigkeit von bis zu 80 Stundenkilometern erreichen.

PINE MOUNTAIN: CALLAWAY GARDENS

PROVIDENCE CANYON STATE PARK

PINE MOUNTAIN: CALLAWAY GARDENS

Als »Eingangstor zu den Callaway Gardens« bezeichnet sich die Kleinstadt Pine Mountain selbst, die etwa eine Autostunde südlich von Atlanta liegt. Hier ist man ganz auf die Besucher der Gartenanlagen eingestellt und bietet in der netten Innenstadt viele Kunsthandwerksläden und kleine Cafés, die selbst gemachte Eiscremes anbieten. Die Gärten selbst, ab 1940 von dem Ehepaar Virginia und Cason J. Callaway angelegt und ab 1952 für Publikum geöffnet, sind ein etwa elf Quadratkilometer großes Naturparadies. Heute ist es zu einem gigantischen Resort mit Hotel und Restaurants ausgebaut, im Herzen liegen aber die Callaway Gardens mit ihren 20 000 Azaleen, dem Schmetterlingshaus und der Falknerei. Strände, Wanderwege, Golfplätze und eine Panoramaroute für Autofahrer sind heute ebenso Teile der Attraktion wie ein Gemüsegarten oder eine Tour durch die Baumkronen.

Im Frühling, wenn die Azaleen blühen, verwandeln sich Bereiche der Callaway Gardens in ein einziges Blütenmeer. Jeden Tag werden in einer Show die hier gehaltenen Raubvögel wie dieser Streifenkauz vorgeführt. Im Schmetterlingshaus ist der Blaue Segler zu bewundern (von links).

PROVIDENCE CANYON STATE PARK

Wenn die Linville Gorge der »Grand Canyon der Appalachen« ist, dann ist der Providence Canyon das entsprechende Pendant des bekannteren Bryce Canyon, der in Utah liegt. Der Providence Canyon in Georgia steht jedenfalls in Sachen Farbigkeit seinem größeren Bruder im amerikanischen Westen in nichts nach. Allerdings ist die Entstehungsgeschichte eine andere: Nicht Erosionskräfte der Natur, sondern ein erbärmlicher Umgang mit der Landschaft haben diesen Canyon geformt. Die massiven Rinnen, die bis zu 45 Meter tief sind, sind Bauern geschuldet, die das Land im 19. Jahrhundert so zu Grunde wirtschafteten und das Grundwasser so stark beanspruchten, dass die Ton- und Lehmböden im Laufe der Zeit nachgaben und sich verformten. Nichtsdestotrotz ist der Providence Canyon heute eines der »Sieben Naturwunder Georgias« und ein gern besuchtes Ausflugsziel von Columbus aus.

Besonders wenn die Sonne tief steht, zeigen sich die unterschiedlichen Rottöne am Providence Canyon. Hier ist auch der seltene *Rhododendron prunifolium* zu Hause, der fast ausschließlich nur noch in dem Canyon wächst.

OKEFENOKEE NATIONAL WILDLIFE REFUGE

»Zitternde Erde« bedeutet der Name Okefenokee – das kann jeder nachempfinden, der seine Füße auf den weichen Torfmoorboden setzt. Jahrtausendelang fischten und jagten Georgias Ureinwohner in diesem Feuchtgebiet, zuletzt fanden hier kriegerische Seminolen Zuflucht. Doch seit ihrer Vertreibung in den 1840er-Jahren sind die Sümpfe vor allem Flora und Fauna vorbehalten. Ein großflächiges Trockenlegen misslang, nur wenige Menschen leben hier als eigenbrötlerische »Swampers«. Das enorme Schutzgebiet mit rund 1630 Quadratkilometern umfasst den Großteil der Okefenokee-Sümpfe. Durchflossen vom Suwannee River, ist es eines der größten intakten Süßwasser-Ökosysteme. Das konnte auch ein wochenlanger Waldbrand nicht ändern. Seine Besucher kommen nach wie vor zum Paddeln, Angeln und Jagen – mit Fernglas und Kamera.

OKEFENOKEE NATIONAL WILDLIFE REFUGE

Seerosenfelder leisten den Sumpfzypressen Gesellschaft, hier auf dem Billy's Lake (Bildleiste oben) – dazwischen leben Alligatoren (großes Bild) und Zierschildkröten (Bildleiste Mitte), und im sicheren Nest darüber warten junge Reiher auf Futter (Bildleiste unten). Prächtige Exemplare der Flora sind die fleischfressenden Kannenpflanzen (ganz links), filigran im Sumpf stehen wilde blaue Schwertlilien (links).

FLORIDA

»Das ist der beste Fleck Erde, der mir je irgendwo untergekommen ist« – kein Geringerer als Ernest Hemingway schwärmte in derart hohen Tönen vom Sunshine State der USA. Die Landzunge reckt sich 1400 Kilometer lang in den Atlantik – umsäumt von weißen Stränden, Hainen von Kokospalmen und Mangrovensümpfen. Malerisch liegen vor vielen Metropolen Inseln in den Buchten, sie bilden nicht nur schützende Barrieren vor dem rauen Ozean, sondern auch Ferienparadiese. Einsame Sümpfe wie die Everglades machen Florida mit dem tropischen Klima zu einem riesigen Refugium für Tiere.

Von Sonnenuntergang an wird die MacArthur-Causeway-Brücke in buntes Licht getaucht, mal illuminieren blaue, mal pinkfarbene Lichter die 5,6 Kilometer lange Straße. Im Hintergrund funkelt Miamis Downtown-Silhouette, rund 295 Hochhäuser, 49 davon sind höher als 120 Meter.

JACKSONVILLE

Direkt am Atlantik gelegen, ist Jacksonville vom Wasser dominiert. Während das Meer stets für eine frische Brise sorgt, teilen der St. Johns River sowie der Trot River die 820 000-Einwohner-Stadt. Damit das Wasser kein Verkehrshindernis bildet, haben die Menschen sich ein funktionierendes System aus Brücken, Fähren und Wassertaxen aufgebaut. Jacksonville ist eine der ältesten Städte der USA, hier siedelte schon vor 4500 Jahren das Volk der Timucua. Im Jahr 1562 erreichten spanische Eroberer Floridas Ostküste und errichteten hier Fort Caroline, einen der Vorläufer der Stadt. Nicht nur Wasser prägt Jacksonville, sondern auch Grün. Die Stadt unterhält das größte öffentliche Parksystem der USA, Hemming Plaza ist der älteste öffentliche Garten des Ortes aus dem Jahr 1861. Schön ist die abendliche Skyline, wenn sich die Wolkenkratzer im St. Johns River spiegeln.

Mit den 42 Stockwerken ist der Bank of America Tower das höchste Gebäude von Jacksonville. Neben ihm steht das 163 Meter hohe Wells Fargo Center. Bis 1981 war es Floridas höchstes Gebäude. Charakteristisch für das Wells Fargo Center sind die hell erleuchteten Seitenwände.

DAYTONA BEACH

Wer Autos mag, wird Daytona Beach lieben: Die 60 000-Einwohnerstadt unterhält mit ihrem Speedway nicht nur eine international bekannte NASCAR-Autorennstrecke – sie verwandelt sich auch einmal im Jahr zur US-Hauptstadt der Harley-Davidson-Fans, die dann auf den Boulevards ihre Maschinen präsentieren. Dass Daytona bei Autofahrern derart hoch im Kurs steht, liegt auch an seinen besonderen Stränden. Sie sind bis zu 150 Meter breit und verfügen über einen besonders festen Untergrund. So können Feriengäste fast direkt bis ans Meer fahren ohne einzusinken – in Schrittgeschwindigkeit, versteht sich. Immerhin zieht sich der Sandstrand hier mehr als 37 Kilometer die Küste entlang. Für eine malerische Unterbrechung des Trubels sorgt die 400 Meter weit ins Meer ragende Pier. Besonderen Ausblick bietet eine Seilbahn, die Besucher von einem Ende zum anderen trägt.

Der Traum vom Motorradfahren: Eine Harley-Davidson Electra Glide rauscht durch die Straßen Daytonas. Im Hintergrund: Dirty Harry´s Bar, sie avanciert während der Bike Week, dem zehntägigen Treffen für Motorradfans, zum beliebtesten Treffpunkt für Motorradfahrer.

JACKSONVILLE

ST. AUGUSTINE

Sie gilt als älteste, durchgehend von Europäern besiedelte Stadt der USA: St. Augustine. Hier findet sich mit dem Gonzales-Alvares-Haus auch das älteste Gebäude der USA. Die Stadt errang im 18. Jahrhundert einen Ruf als wichtiger Zufluchtsort für Sklaven. Ihnen versprach die spanische Regierung, dass sie freie Bürger werden könnten, wenn sie den katholischen Glauben annähmen. Daraufhin flohen viele Sklaven, sodass die Stadt ein Flüchtlingslager, das Fort Mose, einrichtete. Wer heute durch die Straßen der Kleinstadt schlendert, den verzaubern spanisch geprägte Gebäude mit ihrem Charme. Viele hübsche Läden und Cafés locken ebenso zu einem Zwischenstopp wie eine große Zahl interessanter Museen. Sogar eine eigene Kathedrale hat der Ort. Dank des Eisenbahnanschlusses entdeckten im 19. Jahrhundert die Reichen die Kleinstadt als Winterwohnsitz.

Zu den wichtigsten Sehenswürdigkeiten der Stadt gehört die Cathedral Basilica von St. Augustine. Im Inneren versetzt die Kuppel die Besucher zurück in die Vergangenheit. Das Gotteshaus wurde zwischen 1793 und 1797 erbaut.

KENNEDY SPACE CENTER

Cape Canaveral: Dieser Name ist Inbegriff der Raumfahrt: Hier ist die Apollo 11 mit Neil Armstrong gestartet, der als erster Mensch 1969 den Mond betreten hat. In den folgenden Jahren gingen immer wieder Bilder von Raketenstarts um die Welt. Forschungsflüge der Raumfähre Columbia gehörten ebenso dazu wie Materialtransporte zur Internationalen Raumstation ISS. 1986 allerdings explodierte die Raumfähre Challenger bei ihrem Start, 17 Jahre später verglühte die Columbia beim Wiedereintritt in die Erdatmosphäre. Seit 2011 hat die NASA keine Spaceshuttle-Starts mehr vorgesehen und arbeitet an einer neuen Generation von Raumschiffen. Das 1949 eingerichtete Weltraumzentrum basiert auf deutscher Technologie, Grundlage der Raketen war Wernher von Brauns V-2-Rakete aus dem Zweiten Weltkrieg. Nach Kriegsende entwickelte von Braun die Raketentechnik in den USA weiter.

KENNEDY SPACE CENTER

Bevor eine Mission startet, werden Testraketen ins All geschickt, hier ist es die Ares I-X. Sie war eine Vorläuferrakete der heute erfolgreichen Marsmission der USA (unten). Gigantisch ist der Crawler, der die Raketen zu ihrem Startplatz fährt (links). Dieser Transporter wurde 1965 entwickelt und transportiert Raketen und Space-Shuttles auf acht Gleisketten mit einer Geschwindigkeit von 1,6 Stundenkilometern.

KENNEDY SPACE CENTER: VISITOR COMPLEX

Wer sich für Raumfahrt interessiert, sollte einen Abstecher ins Besucherzentrum am Cape Canaveral machen. Besucher können hier für einen Tag in die Rolle des Astronauten schlüpfen und den Senkrechtstart einer Rakete im Trainingslabor am eigenen Leib erfahren oder mit einem echten Astronauten gemeinsam zu Mittag essen. IMAX-Kinos zeigen Dokumentationsfilme zum Weltraum. Eine Rundtour führt zu den Shuttle-Abschussrampen. Ebenso möglich ist ein Blick in Montagehallen, und sogar die Raumfähre Atlantis als Ausstellungsstück zu sehen. Das Kennedy Space Center ist Herz der US-amerikanischen Raumfahrt, hier befindet sich eine große Landebahn für Raumfähren, zudem viele Startrampen und das Verwaltungsgebäude der NASA. Auch heute noch werden hier Astronauten ausgebildet. Mehr als 17 000 Menschen arbeiten auf diesem Weltraumbahnhof auf Merritt Island.

KENNEDY SPACE CENTER: VISITOR COMPLEX

Teile der Raumfähren sind im Visitor Complex des Kennedy Space Center ausgestellt, hier von dem Unglücksflug der Apollo 13 (links). Außerdem ist die technische Ausrüstung der Mission zu besichtigen. Vor allem die aus zahlreichen Modulen bestehenden Raumschiffe in Originalgröße zu sehen ist beeindruckend (unten). Eine Rundfahrt führt zudem an Kontrollräumen und Abschussrampe vorbei.

COCOA BEACH

Nur elf Autominuten von Cape Canaveral entfernt liegt Cocoa Beach. Von hier aus haben Besucher einen wunderbaren Blick auf die Raketenstarts am benachbarten Weltraumbahnhof. Während Cape Canaveral aber Hochsicherheitszone ist, überwiegt auf Cocoa Beach das Strandleben. Die ursprünglich als Siedlung für NASA-Beschäftigte gedachte Stadt entwickelte sich schnell zum Urlauberparadies. Nicht zuletzt aufgrund der TV-Serie »Bezaubernde Jeannie«, die in Cocoa Beach spielte. Fernsehfans werden hier allerdings kaum etwas finden, was sie aus der Serie kennen. Heute ist Cocoa Beach vor allem bei Surfern beliebt, die Dünung ist sehr gleichmäßig, sowohl bei Ebbe als auch bei Flut. Viele junge Menschen pilgern nach Cocoa Beach, um das Surfen zu lernen. Shops und Bars am Strand der 13 000 Einwohner starken Stadt zeugen vom bunten Publikum.

Mit seinen rund 250 Metern reicht die Cocoa-Beach-Pier ins Meer. Sie stammt aus dem Jahr 1965 und bietet auf der romantisch anmutenden Holzkonstruktion kleine Geschäfte, Bars, Cafés – und wer will, kann am Strand auch Beach-Volleyball spielen.

ST. JOHNS RIVER

Der St. Johns River schlängelt sich, ähnlich wie der Nil, von Süden nach Norden und ist mit seinen 500 Kilometern der längste Fluss Floridas. Sein Spitzname lautet auch »Lazy River«, denn seine Fließgeschwindigkeit zählt zu den niedrigsten der Welt. Wildes Rafting können Reisende hier also nicht erwarten, dafür sind ruhige Hausboottouren oder Kanutrips möglich. St. Johns River gilt nicht nur als langsam, sondern zählt auch zu den flachsten Flüssen der Welt, das macht ihn besonders anfällig für Verschmutzungen. Hier wird natürliche Gerbsäure freigesetzt, sie bringt das Gewässer regelmäßig zum Umkippen. Massenhaftes Sterben von Fischen ist also nicht selten. Dennoch schreckt das die anpassungsfähigen Tiere nicht ab, im Gegenteil: Der Fluss ist bekannt für seinen großen Artenreichtum. Delfine, Rochen und sogar Seekühe tummeln sich in seinen Fluten.

Typisch für den Lauf des St. Johns River sind überschwemmte Marschgebiete mit knorrigen Virginia-Eichen und Mangroven. Als echter Schwarzwasserfluss wird er aus dem Brackwasser der Marschen und Sümpfe des Backwater gespeist.

COCOA BEACH

ST. JOHNS RIVER

PALM BEACH

Diese Stadt gilt als Enklave der Superreichen: Palm Beach zählt zu den reichsten Städten der Welt. Dass Palm Beach beliebter Winterferienort der Reichen und Schönen Amerikas ist, zeigt sich nicht nur an den zahlreichen Villen. Hier finden sich die Villen von Berühmtheiten wie Estée Lauder, John Lennon sowie des Kennedy-Clans, sie hatten hier jahrelang ein Ferienanwesen oder betrieben wie Donald Trump berühmte Klubs. Immerhin jeder zweite Einwohner ist hier älter als 65 Jahre – Jüngere können sich diese Preise kaum leisten. Mit seiner Insellage und seinen breiten, langen Sandstränden vor Floridas Gold Coast zieht Palm Beach wintermüde Wohlhabende an. Lange Luxuslimousinen gehören hier genauso zum Straßenbild wie gepflegte Golfplätze. Aushängeschild des Ortes aber ist die edle Worth Avenue mit ihren Shops von Marken wie Gucci, Tiffany's oder Armani.

Die hohe Dichte an Luxuslimousinen in den Straßen spricht für sich (unten). Das Luxushotel »The Breakers« (rechts) zog nicht nur Multimillionäre wie John D. Rockefeller an, sondern brachte auch den Aufschwung nach Palm Beach.

BOCA RATON

Auch in diesem Küstenort haben sich Reichtum und Lifestyle auf besondere Weise verknüpft. Boca Raton zählt zu den Luxusgegenden Floridas. Der Aufschwung in den 1930er-Jahren ist dem Wirken von Addison Minzer zu verdanken. Der Stararchitekt, der auch den Neubau des Breakers-Hotel in Palm Beach erschaffen hat, brachte mediterrane Lebensart nach Boca Raton. Dieser postkoloniale spanische Stil liegt bis heute über dem Örtchen, in dem die Dächer rote Ziegel und die Häuser schön geschwungene Bogengänge haben müssen. Besonders schön zeigt sich der Stil im von Minzer entworfenen »Boca Raton Hotel«. Doch nicht nur mediterrane Wurzeln hat Boca Raton. Anfang des 20. Jahrhunderts siedelte sich eine Kolonie Japaner hier an und züchtete Ananas. An die Yamato-Kolonie erinnert heute das Morikami-Museum. Dort wird heute japanische Gartenkunst gezeigt.

Wer in Boca Raton baut, muss strenge Normen einhalten, denn die Stadt ist berühmt für ihre spanisch-mediterrane Atmosphäre. In den Straßen dominieren mondäne pink- und pastellfarbene Bauten mit roten Ziegeldächern.

PALM BEACH

BOCA RATON

FORT LAUDERDALE

Mit seinem weitverzweigten Netz an Kanälen gilt Fort Lauderdale als Venedig Floridas. Immerhin sind die Kanäle insgesamt länger als 400 Kilometer, und so zählen Wassertaxis und Boote zu den wichtigsten Transportmitteln in der Stadt. Wer also Fort Lauderdale erkunden will, kann das am besten vom Wasser aus, etwa auf dem beliebten Dampfer »Jungle Queen«. Berühmt sind nicht nur der große Seehafen Port Everglades, sondern auch der Kreuzfahrthafen, der zu den größten der Welt gehört. Diesen steuern auch so berühmte Schiffe wie die »Queen Mary 2« an. Und auch bei den Outlets bietet Fort Lauderdale Superlative, denn sein Center Sawgrass Mills Malls mit den mehr als 350 Geschäften zählt zu den größten der Welt. Sehen lassen kann sich zudem das Kunstmuseum der 180 000-Einwohner-Stadt. Im Museum of Art finden sich Werke von Henry Moore und Andy Warhol.

FORT LAUDERDALE

Fort Lauderdale ist gänzlich vom Wasser geprägt, das zeigt sich an den vielen Kanälen. Sie verbinden unter anderem die Finger Islands – künstlich erschaffene Wohngebiete, bei denen jedes Haus seinen eigenen Bootssteg hat. Beliebter Treffpunkt in der Stadt ist die Uferpromenade bei Sonnenuntergang (links). Die großen Kreuzfahrtschiffe stoppen am New River, bevor sie in die Karibik auslaufen.

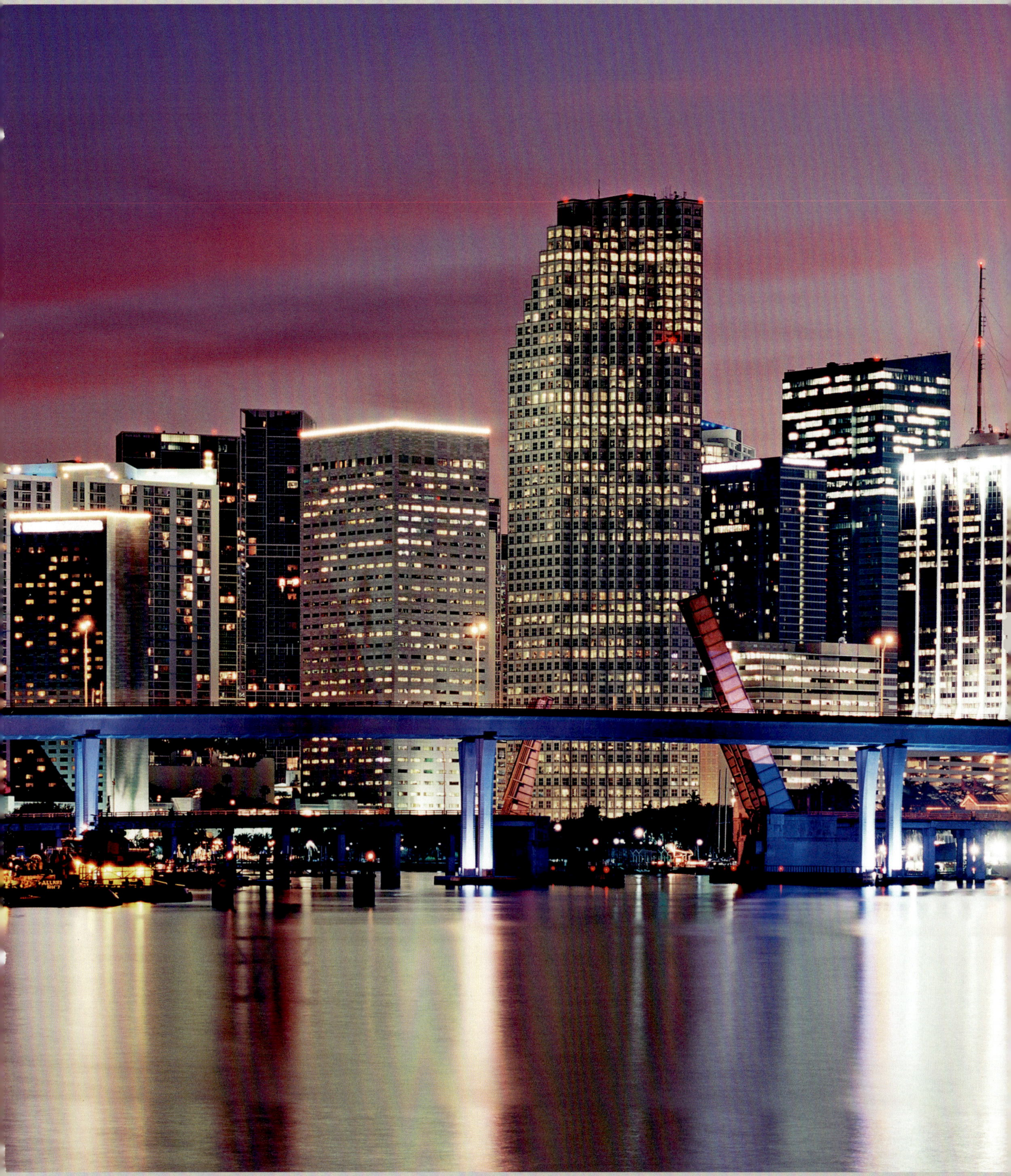

MIAMI

MIAMI

Sie gehört neben New York City und Chicago zu den beliebtesten Innenstädten der USA: Downtown Miami ist ein stark wachsendes Geschäftszentrum in Südflorida. Ältester Teil der Stadt ist Coconut Grove mit alten tropischen Parks und historischen Bauten wie etwa dem Woman´s Club. Moderner geht es rund um die Flagler Street und Brickell Avenue zu: Hier reiht sich ein modernes Hochhaus an das andere. Zum Wahrzeichen der Stadt geworden ist schon fast der Bank of America Tower. Insgesamt haben Banken, Versicherungen und große Unternehmen in der aufstrebenden Innenstadt ihren Sitz, während sich rund um den Biscayne Boulevard viele Botschaften niedergelassen haben, so auch die deutsche. Und da Florida kein armer US-Bundesstaat ist, entstand in der North Miami Avenue sogar ein eigenes Juwelierviertel; es gehört zu den drei größten der USA.

MIAMI

Ganz zentral gelegen ist Miamis Marina. Wer hier mit seiner Jacht ankert, kann zu Fuß in die Innenstadt spazieren und ganz nah ist auch der Bay Front Park (unten). Zur Wasserseite hin eröffnet sich die Biscayne Bay. Miami ist avantgardistisch und zukunftsorientiert und urban funkelt die Stadt in der Abenddämmerung (links) – ein neues Tor zur Welt mit lateinamerikanischem Flair.

MIAMI

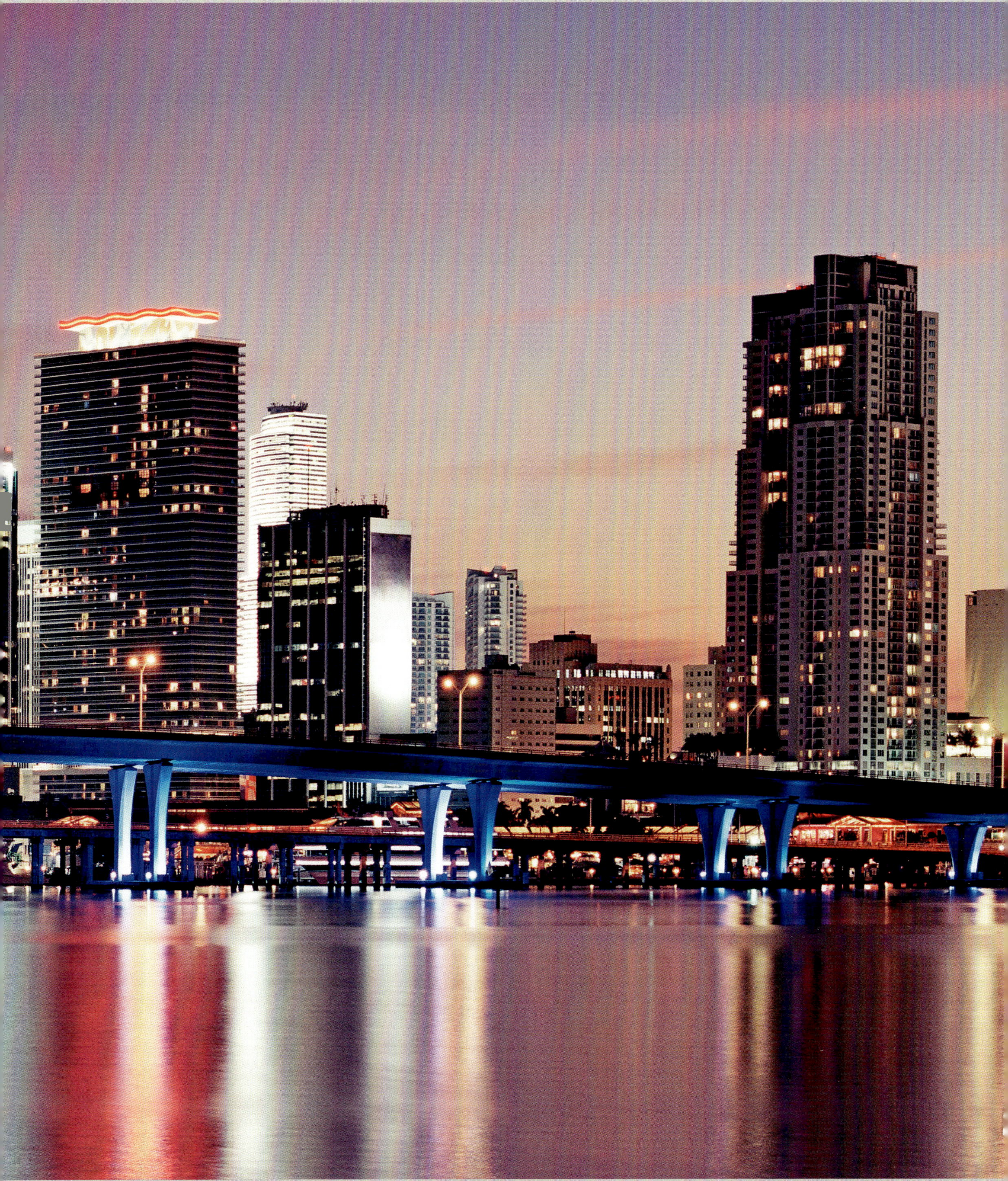

MIAMI – STADT DER KÜNSTE

Miami hat sich zur Kunsthauptstadt gemausert. Restriktive Polizeimaßnahmen reduzierten die Kriminalität der heimlichen Hauptstadt des US-Südens und Kunstexperten entdeckten die Möglichkeiten der sonnigen und wohlhabenden Metropole. Seit mehr als zwölf Jahren hat die namhafte Schweizer Kunstmesse Art Basel hier eine Dependance. Jedes Jahr im Dezember verwandeln sich leer stehende Lagerhallen plötzlich in Ausstellungsflächen für Videokunst. Edle Stadtgalerien präsentieren abstrakte Malereien, Skulpturen oder Fotografien. Und Miami bietet noch mehr: Alte Meister wie El Greco finden sich im Lowe Art Museum, das Frost Art Museum zeigt Zeitgenössisches ebenso wie das Miami Art Museum. Viele der Häuser sind allein ihrer Architektur wegen schon Kunstwerke für sich, so auch das Frost Art Museum mit seiner gebogenen Fassade. Innen sorgt Kunst aus Haiti für Überraschungen. Und mit den neuen Vierteln, dem Designviertel und dem Wynwood Arts District, beweist die Stadt, dass sie den Weg der Kunst konsequent weiterverfolgt.

Moderne Kunst hat in Miami einen festen Platz; hier eine Installation von Jim Lambie »Tangerine Dream«, bei der eine orangefarbene Matratze die Hauptrolle spielt (rechts). In der »F Factory« befindet sich eine berühmte Installation von Zaha Hadid (unten).

224 FLORIDA

MIAMI: MUSEUM OF CONTEMPORARY ART

Ein Museum, das unbekannten Künstlern Raum geben sollte, ihre Werke zu präsentieren, ist das MOCA – das Museum of Contemporary Art in Miami. Allein schon das Gebäude ist ein Kunstwerk. Nach Plänen der Architekten Gwathmey Siegel & Associates wurde es 1996 im kubistischen Stil erbaut und fasziniert mit seiner schnörkellosen Architektur. Über die Grenzen der Stadt hinaus bekannt sind die provokanten Ausstellungen junger Künstler. Ob Videoinstallation, Fotografien oder Gemälde, einen Grund zu streiten, ob das Kunst ist, findet sich im MOCA fast immer. Neben den wechselnden Ausstellungen hat das Museum eine eigene Sammlung aufgebaut. Zu den dauerhaft gezeigten Werken auf den 2000 Quadratmetern Museumsfläche gehört Kunst von Nam June Paik, John Baldessari oder Pierre Huyghe. Ein Erweiterungsbau ist geplant.

Kunst soll Spaß machen: Ob mit Skulpturen oder raumgreifenden Installationen und Figuren – das Museum MOCA hat sich zum Ziel gesetzt, die Menschen an zeitgenössische Kunst heranzuführen. Hier bekommen unbekannte Kreative einen Raum, um ihre Werke zu präsentieren.

MIAMI: VIZCAYA MUSEUM AND GARDENS

Italienische Renaissance lebt im Vizcaya-Museum wieder auf. Die Villa mit ihren 34 Räumen gehörte dem Erntemaschinenfabrikanten James Deering. Das kleine Schloss am Coconut Grove wirkt mit den Rundbogentüren und seinem rot geziegelten Dach wie aus der Toskana. Eingebettet ist die im Jahr 1916 erbaute Winterresidenz in einen über 70 Hektar großen, prachtvollen Garten. Dort reihen sich formalistisch gestutzte Buchsbäume aneinander, führen zu Springbrunnen und Bänken. Die Anlage war nicht nur Schauplatz eines Treffens zwischen Ronald Reagan und Papst Johannes Paul II. im Jahr 1987, sondern ist als Kulisse in zahlreichen Filmen zu sehen, darunter »Der Schnüffler« mit Frank Sinatra oder »Geschenkt ist noch zu teuer«. Auch innen überzeugt der Prachtbau mit Kunstwerken italienischer, spanischer und französischer Maler sowie einer Antiquitätensammlung.

Prunkvoll zeigen sich die Räume des Vizcaya-Museums. Das Musikzimmer (links) wirkt mit seinen goldenen Verzierungen barock. Cembalo und Harfe scheinen nur darauf zu warten, gespielt zu werden. Es lohnt sich ebenfalls, den akkurat gepflegten Garten zu besichtigen.

MIAMI BEACH

Filme wie »Miami Vice« oder »The Fast and the Furious« brachten Bilder von breiten weißen Sandstränden, gesäumt von Wolkenkratzern und türkisblauem Wasser, auf die Bildschirme in aller Welt. Miami Beach ist Floridas Vorzeige-Urlaubsort. Dass sich hier karibisches Lebensgefühl und amerikanischer Stil vereinen, zeigt sich an den pastellbunten Häusern des Art-déco-Distrikts. Inlineskater sausen elegant in knapper Kleidung am Strand entlang, leise summen Elektroautos über den Asphalt und stehlen fast den Mustangs und Chevrolets die Show. Nachts tönt Salsa-Musik aus den Klubs, und mit Elektrobussen pendeln die Partygäste in die Hotels – alles mit Meerblick. Die erste Werbung für Miami Beach ist seit 1915 immer noch aktuell. Damals schürten große Plakate im winterlichen New York das Fernweh. Sie trugen die Aufschrift »It's June in Miami«.

MIAMI BEACH

Sie sind kleine Kunstwerke für sich: In South Beach sind selbst die Bademeisterhäuschen im Art-déco-Stil gehalten. Sie sehen nicht nur farbenfroh und formschön aus, sondern sind vor allem wichtiger Stützpunkt für die Life Guards. Die Bademeister bewachen den Strand, passen auf, dass niemand ertrinkt, und sie leisten auch Erste Hilfe, falls Badende gefährliche Begegnungen mit brennenden Quallen haben.

MIAMI BEACH: OCEAN DRIVE

Makellos glänzen pastellfarbene Oldtimer mit eleganten Harley-Davidson-Maschinen um die Wette, Palmen rauschen im Wind, aus den Bars duftet der Espresso und am Strand macht ein Team Modeaufnahmen. Der Ocean Drive ist die perfekte Promenade in Floridas Süden – eigentlich. Als am 15. Juli 1997 der italienische Modeschöpfer Gianni Versace vom Morgenspaziergang zurückkehrte, zeigte sich der Tag trügerisch schön wie jeder andere. Doch dann hallte ein Schuss durch Floridas Luxusidylle. Der Stardesigner brach auf der Treppe seiner Prachtvilla zusammen und starb an den Folgen des Anschlags. Die Versace-Villa zählt zu den meistfotografierten Häusern der USA und folgt damit dem Weißen Haus in Washington. Das News Café, in dem sich der Stardesigner jeden Morgen seine italienische Tageszeitung holte, ist dadurch zu trauriger Berühmtheit gekommen.

MIAMI BEACH: OCEAN DRIVE

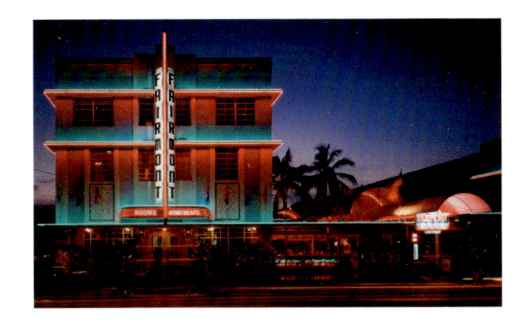

Das Fairmont-Hotel (ganz links) gehört zu den typischen Art-déco-Bauten. Charakteristisch für diese Bauweise sind die Schatten spendenden »Augenbrauen« über den Fenstern (links). Der heute so strahlende Art-déco-Distrikt verkam in den 1980er-Jahren zum Drogenumschlagplatz. Doch kostspielige Investitionen und durchgreifende Polizeimaßnahmen machten ihn wieder zum Aushängeschild (Bilder unten).

MIAMI BEACH: ART DÉCO

In Miami Beach hat sich ein ganz besonderer Kunststil erhalten: Art déco. Geboren einst als Weiterentwicklung des Jugendstils in Wien, erblühte die neue Kunstrichtung 1925 in Paris, vor allem auf der Ausstellung »Exposition internationale des Arts Décoratifs et industriels modernes«. Sie war Namenspate für die Kunstrichtung, die von nun an Art déco hieß. Der neue Stil, zu dessen Hauptmerkmalen die strenge Symmetrie, klare Formensprache und stilisierte, ornamentale Darstellungen gehören, eroberte die Welt und kam in die USA. Genau passend zum Aufschwung nach der schweren Rezession, entstanden dort Autos, Möbel und Porzellan im Art-déco-Stil. In Miami entwickelte sich unter dem Einfluss der karibischen Stimmung der Stadt eine besondere Richtung. Dort verzierten Architekten die Häuser mit tropischen Merkmalen: Bunte Pastellfarben, bildhafte Ornamente mit Vogel- oder Blumenmotiven passten wunderbar zur südlichen Sonne. Nicht immer allerdings waren die Häuser, die heute rund um den Ocean Drive erstrahlen, so gepflegt. Ende der 1960er-Jahre verhinderte eine Bürgerinitiative nur knapp, dass die Schätze der Abrissbirne zum Opfer fielen. Heute zählt die Stadt rund 1200 Gebäude im Art-déco-Stil und verfügt über das weltgrößte Viertel dieses Stils.

MIAMI BEACH: ART DÉCO

Charakteristisch für diese Bauweise sind die »Augenbrauen« über den Fenstern, hier an einem Haus in South Beach (links). Zudem sind die Bauten oftmals mit einer geriffelten Fassade versehen oder verfügen über Bullaugen. Kennzeichnend für Miami Beach sind zusätzlich pastellbunte, zarte Schmuckelemente wie Blumen, Blätter und Ornamente (unten), die an den Fassaden prangen.

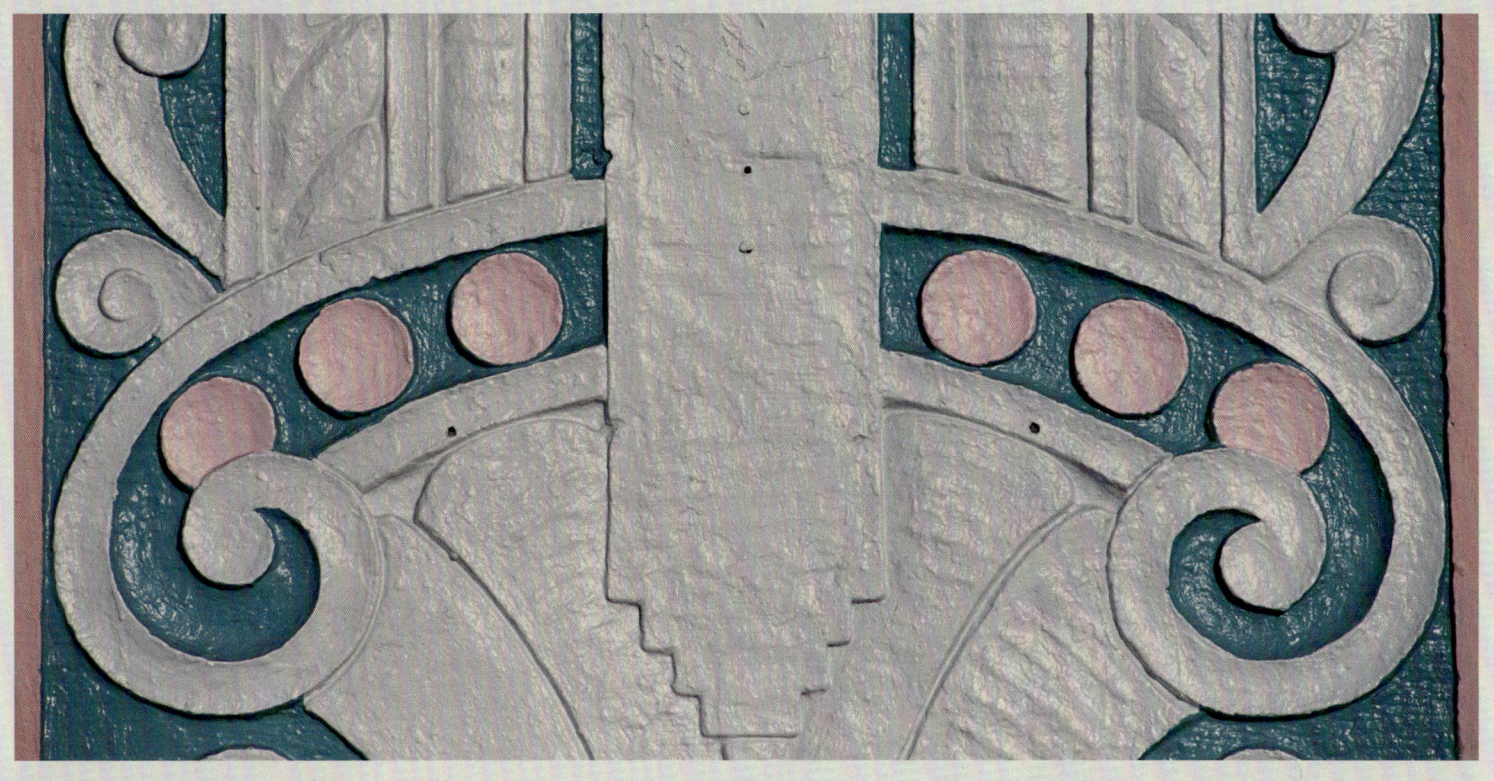

EVERGLADES NATIONAL PARK

Die Everglades, eine Sumpflandschaft im Süden Floridas, umfassen ein Gebiet von 5661 Quadratkilometern. Der bereits 1947 gegründete Nationalpark reicht vom Tamiami Trail im Norden bis zur Florida Bay im Süden und von den Florida Keys im Osten bis zum Golf von Mexiko. »Pay-hay-okee« nannten die Indianer die Everglades, »Meer aus Gras«. Wenn der Wind über das Jamaica Sawgrass streicht, erinnern die Sümpfe an einen stürmischen Ozean. Das zähe Gras wurde jahrhundertelang durch das nach Süden fließende Wasser des Lake Okeechobee gespeist, heute wird das Wasser durch künstliche Dämme und Kanäle gebremst – ein Eingriff in den Kreislauf der Natur, der nicht nur von Ökologen verurteilt wird. Holzbohlenwege führen in die Sumpfgebiete hinein und erlauben es den Besuchern, die Wasservögel beim Brüten zu beobachten.

EVERGLADES NATIONAL PARK

Bildleiste links: Wie ein Meer liegen die Salzmarschen unter dem blauen Himmel; teils ist das fast stehende Wasser nur einige Zentimeter tief; an höher gelegenen Stellen wachsen auch Zypressen oder Büsche. Bildleiste rechts: ein Flussotter; Alligator im Brackwasser; ein Silberreiher. Bilder links: Ebenso heimisch sind hier Kanadareiher und der selten gewordene Floridapanther.

FLORIDA 233

BISCAYNE NATIONAL PARK

Dieses Naturschutzgebiet besteht fast nur aus Wasser: Der Biscayne National Park ist das drittgrößte Korallenriff der Welt und größtes Meeresreservat der USA, es liegt eine Autostunde südlich von Miami. Das subtropische Gewässer umspült insgesamt 25 Inseln, die größte ist Elliott Key, zugleich die nördlichste der Florida Keys. Rund 50 verschiedene Korallenarten gedeihen hier. Taucher hingegen freuen sich vor allem über die Schiffswracks, denn schon im 18. Jahrhundert wüteten hier Hurrikans. Allein 1733 versanken dort 19 spanische Galeonen, allesamt mit Gold und Edelsteinen beladen. Wenn nicht die Wetterlage die Schiffe stoppte, so waren es oftmals auch die Korallen. Auf den kleinen Inseln bieten Mangrovensümpfe den Fischen der Region ideale Brutbedingungen, vor allem die Feuerfische stehen bei den Naturschützern hier ganz oben auf der Liste.

BISCAYNE NATIONAL PARK

Meist menschenleer und streng geschützt: Der Biscayne National Park ist für Besucher nur per Boot zu erreichen. Im 19. Jahrhundert war dies ein beliebtes Versteck für Piraten. Heute bieten seine im Wasser stehenden Roten Mangroven nicht nur einen faszinierenden Anblick (unten), sondern auch eine ideale Kinderstube für junge Fische. Genauso fühlen sich Korallen hier wohl und bieten ihnen Schutz (links).

OVERSEAS HIGHWAY

Wie eine einsame Linie erstreckt er sich über den Fluten des Atlantiks: der Overseas Highway, eine der technischen Meisterleistungen der USA. Allein 42 Brücken überwindet der Straßengigant, der insgesamt 203 Kilometer lang ist. Er ersetzt die einstige Eisenbahnlinie von Henry Flagler, der sie sieben Jahre lang bauen ließ, bevor 1912 Key West mit dem Zug aus Miami zu erreichen war. Und wie für die Gegend so typisch, war es ein Hurrikan, der zwangsweise Erneuerung mit sich brachte. 1935 zerstörte er die Bahntrasse, die danach nie wieder in Betrieb genommen wurde. Die Strecke hatte sich als zu teuer im Unterhalt erwiesen und schrieb rote Zahlen. So setzten die Planer lieber auf den Autoverkehr und errichteten zweieinhalb Jahre später den Overseas Highway. Dabei benutzten die Straßenbauer die alte Trasse und erhalten gebliebene Brücken wurden asphaltiert.

Eine gigantische Konstruktion ist der Overseas Highway. Kilometerlang fahren die Autos hier über blaues Meer, unter ihnen kurven Boote oder große Schiffe; rechts die alte Bahntrasse. Die Seven Mile Bridge ist mit ihren elf Kilometern Länge die längste Brücke zu den Keys.

KEY LARGO

Die nördlichste Stadt der Florida Keys nennt sich auch »Taucherhauptstadt der Welt«. Sie ist Ausgangspunkt für viele Unterwasserexkursionen und Schnorchelabenteuer, doch ebenso beliebt ist Key Largo bei Anglern. Sie können hier Knochenfisch und Rotbarsch angeln. Berühmt geworden ist Key Largo allerdings durch den Film »Gangster in Key Largo« mit Humphrey Bogart aus dem Jahr 1948. Er machte die Menschen auf den Ort aufmerksam und brachte die ersten Filmtouristen auf die Insel. Aber nicht nur auf diesen Spuren können sie wandeln: Aus dem Kinoklassiker »African Queen« mit ebenfalls Humphrey Bogart und Katharine Hepburn ist im Hafen von Key Largo auch das gleichnamige Boot zu bewundern. Die Lage als Eingangstor zu den Florida Keys lockt viele Touristen an. Die Insel befindet sich nahe der Everglades, idealer Startpunkt für einen Ausflug.

Zu den malerischen Flecken der 11 000 Einwohner starken Insel gehört der Strand am John Pennekamp State Park (oben). Taucher beobachten hier Korallen, Schildkröten und Clownfische. Im Kanal von Key Largo warten die Boote auf Ausflüge in die Everglades (unten).

OVERSEAS HIGHWAY

ISLAMORADA

Bestehend aus sechs Inseln, gehört der Islamorada-Archipel zu den besten Angelrevieren Floridas. Es ist eine der wenigen Stellen auf der Welt, wo mit Glück selbst die schwer zu fangenden Fächerfische geködert werden können. So gehören nicht nur die Fischer, die im Hafen stehen und den Riesenfang zeigen, zu den typischen Szenen auf der Insel. Auch große Sportangelgeschäfte prägen das Bild. Weiter draußen erfreut üppige tropische Vegetation das Herz der Besucher. Besonders ein Baum, der im Lignumvitae Key Botanical State Park wächst: Er schält sich genauso leuchtend rot wie die Haut der sonnenverbrannten Touristen, deshalb wird der Lignumvitae-Baum »Touristenbaum« genannt. Wer Zeit hat, sollte auf den Inseln einfach mal zu einer Pier bummeln und von dort Fische beobachten, denn davor drängeln sie sich im Wasser oftmals und warten auf Häppchen.

Strahlend weiße Sandstrände wie bei dem Luxusresort »The Moorings Village« sind selten auf den Florida Keys, meist überdachen die Kronen großer Mangroven das Ufer und ihre Wurzeln überwuchern den Strand. Islamorada ist eines der besten Angelreviere der Welt.

FLORIDA KEYS NATIONAL MARINE SANCTUARY

Seine einzigartige Unterwasserfauna und -flora machen das sichelförmige Korallenriff der Florida Keys so attraktiv. Mit seiner besonderen Lage zwischen der Florida Bay und dem Golf von Mexiko auf der einen und dem Atlantik auf der anderen Seite gehört es zu den artenreichsten Meeresgebieten des gesamten Kontinents. Deshalb steht die 9600 Quadratkilometer große Fläche seit 1990 unter strengem Naturschutz. Das empfindliche Riff hatte zu sehr an den Folgen der Überdüngung und Überfischung der Meere gelitten. Schiffsanker und Müll taten ein Übriges, also wurde es als sogenanntes Sanctuary, Schutzgebiet, ausgewiesen. Vor allem ist das Riff für seine Seegrasfelder berühmt, die zu den größten der Welt gehören. Doch nicht nur sie locken Taucher an. Sechs Meilen vor der Küste starteten Naturschützer im Jahr 2002 ein neues Projekt und versenkten das ausgediente Marineschiff »Spiegel Grove« im Meer. So wollten sie in 41 Metern Tiefe die Basis für ein neues Korallenriff legen. Tatsächlich haben sich bereits Korallen an das Wrack angesiedelt, sie bilden einen schönen Kontrast zu Kaiserfisch, Doktorfisch, Hummer oder Barrakuda. Und selbst wenn der Grund mancherorts kahl wirkt, bleibt auch hier der Naturschutz wichtig. Das Gestein bietet oft Weichkorallen oder Schwämmen wichtige Refugien.

FLORIDA KEYS NATIONAL MARINE SANCTUARY

Den Fressfeinden unter Wasser entkommen kleine Fische am Korallenriff besser, wenn sie sich im Schwarm schützen – hier biegen Französische Grunzer, Blaustreifengrunzer und Schnapper um die Ecke (unten). Links: Ein Schwarm von Schweinsgrunzern flitzt durch die bunte Unterwasserwelt und auch der Hummer hat hier einen sicheren Rückzugsort gefunden.

KEY WEST

Dieses Eiland ist die letzte der Inselkette, hier führt der Overseas Highway nur in eine Richtung – gen Festland. Havanna ist näher als Miami, und so bildet diese Insel sozusagen das Ende der Welt. Kubanische Einwanderer brachten die Kunst des Zigarrenrollens auf das Eiland, und Schiffswracks gehörten lange Jahre zur Haupteinnahmequelle der Bewohner, denn die vorgelagerten Korallenriffe machten vielen Schiffen den Garaus. Die westlichste der Keys setzt auf ländlichen Charme und Lässigkeit. Obwohl der Tourismus weiter zunimmt, feiern hier Prominente seit langer Zeit ausgelassene Partys. Key Wests Besuchermagnete sind nicht nur die bunte Betonboje, die den südlichsten Punkt der kontinentalen USA markiert, und die Altstadt mit ihren bunten Holzhäuschen, sondern auch die Plätze, an denen sich der berühmteste Bewohner der Stadt aufgehalten hat: Ernest Hemingway.

KEY WEST

Unten: Die Rennen der Farr-40-Klassen gehören zu den beliebten Regatten bei der Key West Race Week. Links und Bildleiste unten: Freunde romantischer Sonnenuntergänge kommen in Key West auf ihre Kosten, jeden Abend wird hier der Sunset regelrecht zelebriert. Die Duval Street glänzt mit Sloppy Joe's Bar; hier nahm schon Ernest Hemingway gern einen Drink (Bildleiste oben).

ERNEST HEMINGWAY

Sein Haus an der Whitehead Street mit seinem umlaufenden Balkon gehört zu den berühmtesten Gebäuden Floridas: Ernest Hemingway war die größte Persönlichkeit des Ortes. 1928 kam er über Havanna nach Key West und war sofort von der tropischen Schönheit der Insel fasziniert. Hier schuf er berühmte Werke wie »Schnee auf dem Kilimandscharo« oder »Wem die Stunde schlägt«. Der 1899 in Chicago geborene Schriftsteller passte sich den Lebensgewohnheiten auf der Insel an und wurde zum passionierten Hochseefischer. Er baute den ersten Swimmingpool des Eilands, unternahm häufig Reisen und verarbeitete seine Erlebnisse literarisch in seinem Haus in Key West. Jeden Morgen schrieb der 1,87 Meter große Mann vier bis fünf Stunden. Der als Journalist bekannt gewordene Autor genoss den Schatten auf den umlaufenden Eisenbalkonen seines Hauses – und zweifelte immer mehr. Obwohl er zwei Flugzeugabstürze, einen Kriegseinsatz überlebt hatte und mit dem Literaturnobelpreis ausgezeichnet wurde, plagten den Schriftsteller Selbstzweifel und Depressionen. Er zog aus Florida fort, bereiste rastlos die Welt und machte seinem Leben 1961 ein Ende. Heute gedenkt der Ort seiner mit den »Hemingway Days« und dem Doppelgängerwettbewerb. Dann wimmelt es in Key West nur so von bärtigen Doubles.

ERNEST HEMINGWAY

Das Museum an der Whitehead Street 907 zeigt, wie der Schriftsteller gelebt und gearbeitet hat. Draußen eröffnet sich ein üppiger Garten (links). Hemingway hat nicht nur literarische Bücher geschrieben, sondern war auch ein berühmter Kriegsreporter. Hier bereitet er sich gerade für einen Flug über Frankreich vor (großes Bild). Sein Bart war sein weltberühmtes Markenzeichen (unten links).

FLORIDA 243

ST. PETERSBURG

Auch wenn es statistisch an 40 Prozent der Sommertage kurz einmal regnet – St. Petersburg ist Floridas »Sunshine City«. Das Leben der 250 000 Bewohner und der zahlreichen Touristen spielt sich am und auf dem Wasser ab. Ganze 350 Kilometer zieht sich die Küstenlinie entlang der Tampa Bay, der Boca Ciega Bay und dem Golf von Mexiko – kein Wunder also, dass hier der größte städtische Jachthafen im Südosten der USA liegt. Seit den 1920er-Jahren kommen die Sonnenhungrigen in Scharen. Damals brachte der Bauboom eine bemerkenswerte Architektur hervor: Mediterrane Motive hielten Einzug ins Stadtbild, noch heute gut zu sehen am Jungle Country Club Hotel und den spanisch anmutenden Villen entlang der Bucht »Coffee Pot Bayou«. Die Stadt hat ein Salvador-Dalí-Museum und ist seit den 1980er-Jahren wichtiger Hafen für Kreuzfahrtschiffe nach Mittelamerika.

Morgens, wenn die Stadt noch schläft, ist ein Spaziergang besonders schön: Morgenstimmung über dem Bootshafen und St. Petersburg Downtown (oben). Im St. Petersburger Dalí-Museum befindet sich die weltweit größte Dalí-Sammlung außerhalb Spaniens (unten).

SARASOTA

Sarasota ist mit seinen 55 000 Bewohnern keine Großstadt, gilt aber als ein kulturelles Zentrum Floridas. Von herausragender Bedeutung ist das Ringling Museum of Art. Das Kunstmuseum enthält mehr als 600 Gemälde, Skulpturen und Kunstobjekte. Sarasota liegt direkt am Golf von Mexiko. Der Küste vorgelagert sind wunderschöne Inseln, die bekannten Keys. Sie sind für ihre weißen Sandstrände, das klare Wasser und nicht zuletzt für ihre exklusiven Boutiquen berühmt. Vor allem auf dem Bird Key stehen riesige Luxusvillen. In der Region leben Stars wie Stephen King und viele frühere Top-Tennisspieler, darunter Ivan Lendl und Martina Navratilova. Weltweite Aufmerksamkeit erlangte die Stadt am 11. September 2001, als Präsident George W. Bush zur Zeit der Anschläge auf das World Trade Center in einer Grundschule in Sarasota einen Pressetermin absolvierte.

Die Ringling Causeway Bridge verbindet die Keys mit der Stadt Sarasota (oben). Das Ringling Museum of Art (unten) ist ein Konglomerat verschiedener Museen. Es besteht aus dem Kunstmuseum, dem Ca-d´Zan Herrenhaus, einem Zirkusmuseum und Theatermuseum.

FORT MYERS

Mitte des 19. Jahrhunderts als Verteidigungsanlage gegen den Indianerstamm der Seminolen gegründet, ist die nach Colonel Abraham C. Myers benannte Siedlung seit 1886 eine eigenständige Stadt. Sie zählt heute 60 000 Einwohner und erstreckt sich um die Mündung des Flusses Caloosahatchee. Der Stadt vorgelagert liegen mehrere Inseln im Golf von Mexiko, darunter das schmale Estero Island mit dem elf Kilometer langen Sandstrand Fort Myers Beach. Beliebte Ausflugsziele sind die Naturinseln Sanibel und Captiva Island, die über eine Brücke angebunden sind. Auf regelmäßige Wetterphänomene und typische Vögel deuten die Namen von zwei Buchten hin: Hurricane und Pelican Bay. In Fort Myers trainieren bekannte Baseballmannschaften wie die Boston Red Sox, im Hammond Stadium finden regelmäßig Baseball-Begegnungen statt.

Romantisch streckt sich die Fort Myers Pier bei Sonnenuntergang weit ins Meer (oben). Die Region ist für ihr feuchtwarmes Klima bekannt, das viele Gewitter hervorbringt. Das lieben auch die Pelikane, die man an ruhigen Strandabschnitten bewundern kann (unten).

NAPLES

Naples, englisch für Neapel, gehört zu den reichsten Städten der USA. Das Pro-Kopf-Einkommen ist hier nahezu dreimal so hoch wie im Landesdurchschnitt. Wichtigster Wirtschaftszweig ist der Tourismus. Früher lebten in der Gegend um Naples die Indianerstämme der Creek und der Calusa, die sich bis aufs Blut bekämpften. Ende des 19. Jahrhunderts begann die Besiedlung mit weißen Zuwanderern. Unter den frühen Siedlern waren auch wohlhabende Geschäftsleute aus Kentucky, die hier ihr Winterdomizil aufschlugen. 1922 ließ sich der Millionär Barren Gift Collier, nach dem auch das County benannt ist, in Naples nieder. Bis 1960 blieb Naples ein ruhiges Winterdomizil, dann brachte der Wiederaufbau nach dem Hurrikan Donna den erhofften Aufschwung. Heute zählt Naples gut 20 000 meist gut situierte Einwohner und ist eine kleine, sehr exklusive Stadt.

Oben: Ein Bild wie aus Tausendundeiner Nacht: Weiße Boote im Naples-Jachthafen vor dem Einkaufszentrum am frühen Morgen bei Sonnenaufgang. Dass ihre Bewohner Geld haben, demonstrieren die Strandvillen am Golfshore Boulevard hinter den Palmen (unten).

TAMPA BAY

Ein »Mündungsgebiet von nationaler Bedeutung« ist Tampa Bay, die große Meeresbucht, an die sich die Städte St. Petersburg, Clearwater und Tampa schmiegen. Die Bucht entstand erst vor rund 6000 Jahren, als sich der vormals große Süßwassersee zum Golf von Mexiko öffnete. Neben dem Hillsborough River speisen rund 100 weitere Flüsse und Bäche die Bucht, die deshalb Brackwasser enthält, also eine Mischung aus Süß- und Salzwasser. Gut 1000 Quadratkilometer groß und durchschnittlich nur drei Meter tief, bieten ausgedehnte Mangroven- und Feuchtgebiete an den Ufern zahlreichen Tieren und Pflanzen Lebensraum. Für Ornithologen ist die Bay besonders spannend: Braunpelikane, Rosalöffler, Kormorane und Lachmöwen – mehr als zwei Dutzend Vogelarten leben hier ganzjährig, im Winter kommen Zugvögel und andere Überwinterungsgäste wie Rundschwanzseekühe hinzu.

Sicherlich ist der Pelikan einer der bekanntesten Vögel in Florida, doch die Region bietet noch zahlreichen anderen Vögeln einen idealen Lebensraum, wie etwa den weißen Ibissen, die gern in ganzen Schwärmen auftreten und dann den Lärmpegel nach oben treiben.

TAMPA

In der Sonne glitzernde Bürotürme liegen direkt am Wasser: Am Hillsborough River ist unverkennbar Tampas Geschäftsviertel angesiedelt. In Floridas drittgrößter Stadt vermischen sich quirliges Großstadtleben mit Urlaubsatmosphäre. Zwei Universitäten sorgen mit ihren Studenten für frischen Wind in Kultur und Nachtleben und der internationale Flughafen bringt sonnenhungrige Touristen an die Westküste. Im Florida Aquarium lassen sich Haie bei Tauchgängen anfassen, und das Tampa Museum of Art zeigt Kulturschätze aus der griechischen und römischen Antike. Bedeutende Gebäude in Tampa Downtown sind das Rathaus, das Theater und die Sacred Heart Church. Ein lohnender Spaziergang führt am Fluss entlang vorbei an den Wolkenkratzern. Und wenn am Abend die Lichter in den Hochhäusern erlöschen, beginnt das Nachtleben im benachbarten Stadtteil Channel.

In Tampas modernem Finanzzentrum am Hillsborough River finden sich in den Hochhäusern amerikanische Branchengrößen wie die Bank of America. Auch wenn die Sonne untergegangen ist, erstrahlt die Silhouette der beleuchteten Wolkenkratzer über dem Fluss.

TAMPA BAY

TAMPA: YBOR CITY

Tampas Stadtteil Ybor City überrascht mit kubanischem Lebensgefühl: »Cigar City« war zu Beginn des letzten Jahrhunderts für seine handgedrehten Zigarren bekannt. Noch heute sorgt die Gegend um die 7th Avenue mit ihren spanisch beeinflussten Ziegelbauten, schmiedeeisernen Balkonen und verschlungenen Arkaden für lateinamerikanisches Flair. Besucher können zuschauen, wie in der »Welthauptstadt der Zigarren« handgemachte Kostbarkeiten entstehen. Die meisten ziehen dem Tabak allerdings Ybors berühmten Milchkaffee vor. Nachts verschmelzen dann Aromen, Gerüche und Klänge zu einer exotischen Mischung. Aus den Kneipen und Bars klingen Jazz, Blues und Salsa. Restaurants mit spanischer, kubanischer, italienischer und französischer Küche reihen sich aneinander. Kein Wunder also, dass Ybor City zu Floridas beliebtesten Ausgehvierteln zählt.

Rund um die 7th Avenue finden sich in dem denkmalgeschützten Stadtteil Ybor City unzählige Restaurants, Bars, Kneipen und Kinos. Das Nachtleben hat hier immer grünes Licht und manche Restaurants haben eine über hundertjährige Tradition.

ORLANDO

Noch vor 100 Jahren war Orlando ein ländliches Städtchen, umgeben von Baumwollplantagen und Zitrushainen. Doch Mitte der 1960er-Jahre machte kein Geringerer als Walt Disney die Stadt letztendlich zu dem, was sie heute ist: wichtigstes Touristenziel des Landes. Dem berühmten Zeichentrickregisseur war sein 1955 gebautes Disneyland in Anaheim zu klein geworden, er wollte einen neuen und größeren Park bauen. So entstand das Disney World Resort. Die Pläne des Micky-Maus-Erfinders wurden schnell bekannt, und andere Vergnügungsparks siedelten sich ebenfalls in Orlando an. So ist die 225 000-Einwohner-Stadt heute Vergnügungshauptstadt der Welt mit Familienparks wie Sea World, Universal Studios oder Busch Gardens. Mehr als 45 Millionen Besucher kommen jedes Jahr nach Orlando und übernachten in einem der mehr als 450 Hotels.

Die mehr als 100 000 Studenten und die vielen Mitarbeiter in den Hightech-Branchen halten die Stadt Orlando jung. Hübsch leuchtet das nächtliche Lichterspiel, das den Interstate 4 begleitet, der an zahlreichen innerstädtischen Seen vorbeiführt.

WALT DISNEY WORLD

Vier Themenparks, eigene Fernsehstudios und sogar eine Safarilandschaft – Walt Disney World in Orlando ist ein Freizeitpark der Superlative. Markenzeichen des Parks »Magic Kingdom« ist das große Cinderella-Schloss in seiner Mitte. Insgesamt misst das Gelände mit verschiedenen Bereichen mehr als 15 000 Hektar, und 23 Hotels bieten dort Zimmer an. Während Magic Kingdom ein Tummelplatz für Disney- und Märchenfiguren wie Peter Pan, Goofy und Micky Maus ist, gilt der zweite Park, »Epcot«, als wissenschaftlicher Themenpark. Hier experimentieren Besucher mit Technik, testen ihre Sinne oder können in speziellen Labors den Flug zum Mond und die Erdanziehungskräfte erleben. Dritter Themenpark sind die »Disney's Hollywood Studios«. Sie führen hinter Filmkulissen und zeigen wie Spezialeffekte wie Erdbeben oder Stunts produziert werden. Jüngster und Vierter im Bunde ist die Tierwelt »Animal Kingdom« – mit echten Tieren anstelle von animierten.

Jede Nacht erhellt ein etwa viertelstündiges Feuerwerk das Cinderella Castle im Magic Kingdom. Um alle Attraktionen zu erleben, kann man getrost eine Woche Zeit einplanen.

ORLANDO

UNIVERSAL STUDIOS

Ganz auf Spannung setzen die Universal Studios Orlando. Hier können Besucher nicht nur originale Filmkulissen bewundern, sondern auch eigene Abenteuer ganz wie in ihren Lieblingsfilmen erleben. So gehen sie etwa mit dem Bootsführer auf Safari zum Weißen Hai – und tatsächlich taucht filmgleich aus dem Wasser auch eine Attrappe des großen Tieres auf. Sogar eine Tankstelle explodiert an einem anderen Ort. Wer es niedlicher mag, der taucht ein in die Welt von Shrek und lässt sich in 4-D in seine Welt entführen. Auch die berühmten Simpsons können Besucher hier antreffen. Wer den Grusel bevorzugt, lässt sich ganz nach Horrorart professionell schminken. Fehlt immer noch der letzte Kick, dann steht die riesige Achterbahn bereit, sie fährt sogar rückwärts. Die Studios in Orlando gehören zu den größten außerhalb Hollywoods, auch TV-Shows werden hier produziert.

Ganz und gar im amerikanischen Stil eingerichtet sind Teile der Universal Studios. Im Stil der 1950er-Jahre präsentiert sich Mel's Diner mit Oldtimern vor der Tür. Die neueste Attraktion der Universal Studios sind die Kulissen aus Harry Potters Zauberwelt.

FLORIDA 249

WAKULLA SPRINGS STATE PARK

Sie sind als Kulisse für die Tarzan-Filme mit Johnny Weissmüller weltberühmt geworden: Die Wakulla Springs sind ein beeindruckendes Naturwunder. Immerhin gelten sie als eine der größten natürlichen Süßwasserquellen der Welt. Pro Minute fließen hier 750 000 Liter Wasser an die Erdoberfläche, nicht kühl, sondern mit warmen 21 °C. Unter den indigenen Völkern und später den Spaniern galt das Wasser als heilsam. Kristallklar sprudelt das Nass in den Quellteich und hat eine üppige Vegetation wuchern lassen. Moosbewachsene Bäume und grün verhangene Wasserflächen prägen das Bild und geben vielen Tieren Unterschlupf, wie etwa Schlangenhalsvögeln, Wasserschildkröten und natürlich den Alligatoren. Schwimmen sollten Besucher deshalb nur an den deutlich ausgewiesenen Stellen. Besonders beeindruckend ist hier eine Fahrt mit dem Glasbodenboot.

Klares Quellwasser trifft sich unterirdisch in einem Höhlensystem und tritt in Wakulla Springs an die Oberfläche. Die Karstquellen haben eine einmalige Landschaft geformt, in der sich Tiere wie die Alligatordame mit ihrem Jungen und der Rallenkranich (ganz rechts) wohlfühlen.

OCALA NATIONAL FOREST: SILVER GLEN SPRINGS

Zwei unterirdische Höhlen speisen die kristallklare Karstquelle Silver Glen Springs. Der halbrunde Quellsee ist ein Eldorado für Fische und ein beliebtes Freizeit- und Erholungsgebiet im Ocala National Forest, ein sehr wald- und wasserreiches Schutzgebiet. Die Quelle ist Teil der Silver Glen Springs Recreation Area, Besucher dürfen hier schwimmen, schnorcheln, picknicken, fischen und auf dem Quellfluss, der im Osten des Sees zum großen Lake George abfließt, auch Boot fahren. Besonders beliebt ist das Schnorcheln in dem klaren Quellwasser. Im lichtdurchfluteten Becken ziehen Fischschwärme ihre Bahnen, ohne sich von den Tauchern aus der Ruhe bringen zu lassen. Das klare Quellwasser strömt tief aus dem Kalkstein an die Erdoberfläche und bietet zahlreichen Tieren im Wasser und am Ufer Lebensraum.

Die Silver-Glen-Quelle mit ihrem glasklaren Wasser ist die Heimat des Florida-Knochenhechts (rechts unten). Überall reicht der Wald mit seinen uralten Eichen bis an die Ufer der Seen (rechts oben) und schafft so verwunschene Blicke. Mit etwas Glück kann man manchmal Waschbären entdecken.

WAKULLA SPRINGS STATE PARK

CRYSTAL RIVER

Sie sehen ein bisschen aus wie dicke, knautschige graue Kissen. Schwerfällig treiben Manatis unter Wasser durch den Crystal River. Nur ganz gemächlich bewegen die Seekühe ihre Flossen, um an die Wasseroberfläche zu kommen und dort lautstark zu prusten. Etwa alle sechs Minuten müssen die streng geschützten Säugetiere auftauchen und Luft holen, um sich dann wieder in das kristallklare Wasser des Crystal River zu senken und nach Pflanzen zu suchen. Manatis fressen ständig, denn schon ein Neugeborenes wiegt rund 30 Kilogramm bei der Geburt. Ausgewachsen wird das Tier über 550 Kilogramm schwer. Im Städtchen Crystal River finden Touristen an jeder Ecke Angebote für geführte Schnorcheltouren zu den »Gentle Giants«. Die friedlichen Kolosse sind ein Besuchermagnet am Fluss, den warme Süßwasserquellen speisen und der sich hier weit in flache Deltas auffächert.

Wegen ihres großen Gewichts können die Manatis nur im Wasser leben. An Land würden sie von ihrer eigenen Körpermasse erdrückt werden. Sie schwimmen gern gemeinsam in Familien und begegnen Tauchern meist neugierig, kaum scheu und sehr friedlich.

TALLAHASSEE

Die Hauptstadt Floridas liegt acht Autostunden entfernt von Miami. Anfang des 19. Jahrhunderts war nur der Norden des Bundeslandes dicht besiedelt, sodass eine Kapitale dort sinnvoll war. Dass die Wahl auf Tallahassee fiel, ist übrigens ein Kompromiss. Damals hatten sich Pensacola und St. Augustine um den Regierungssitz gestritten – also wählte man die Mitte: Tallahassee. Obwohl sie die Hauptstadt des vom Tourismus am stärksten geprägten Bundesstaates der USA ist, zählt Tallahassee bis heute zu den Geheimtipps. Bekannt ist die 150 000-Einwohner-Stadt vor allem für ihre »Canopy Roads«: Alleen von alten Eichen, dicht behangen mit grau-grünem Spanischen Moos, das wie lange Bärte im Wind schaukelt. Sehenswert sind das alte Kapitol sowie die Gegend um den Lewis Park mit Südstaatenarchitektur wie aus dem Film »Vom Winde verweht«.

Das Old State Capitol mit seinen Sitzungssälen zählt zu den wichtigsten Sehenswürdigkeiten des Ortes. Umgeben ist die Kleinstadt von mächtigen Eichen, saftigen Wiesen und vielen Tümpeln und Seen. Ein schöner Ausflug bietet sich etwa an den Lake Bradford an.

PENSACOLA

Diese Stadt hat schon früh gezeigt, welche Möglichkeiten multikulturelles Zusammenleben in sich trägt. So war sie in ihrer Geschichte spanisch, britisch, französisch und nordamerikanisch regiert. Und als typische Küstenmetropole lockte sie nicht nur Indigene, sondern ehemalige schwarze Sklaven ebenso wie karibische Piraten an. Dieser Mix spiegelt sich in der Architektur wider, vor allem die Historic Pensacola Downtown profitiert von dieser Mischung. Das Gebiet ist kreolisch, britisch und spanisch inspiriert. Die Altstadt zählt heute zu den größten Attraktionen der Stadt, ebenso wie Fort Pickens. Diese vorgelagerte Festung sollte die Bucht und den Hafen der Stadt beschützen. Zudem diente der große Bau mit seinen düsteren Gängen und Räumen als Gefängnis. Heute ist es ein Museum, einige Teile der einst stolzen Festung sind inzwischen dem Zahn der Zeit zum Opfer gefallen.

Schön ist ein Rundgang durch die Historic Downtown. Dort begegnen Besucher überall der typischen Südstaatenarchitektur mit verschnörkelten Balkonen und filigranen Arkaden. Viele Architekturelemente muten mit ihrer schmiedeeisernen Kunst französisch an.

PENSACOLA BAY

Bei Pensacola lohnt ein Blick auf die Landkarte, um die Besonderheit dieser Lage einzuschätzen. Zwar sitzt sie wie so viele andere Küstenstädte an einem natürlichen Hafen mit großer Bucht, doch ihre vorgelagerte Insel ist einzigartig. Wie eine gebogene Stricknadel liegt sie vor der Bucht, an vielen Stellen nur knapp einen Kilometer breit, aber ganze 64 Kilometer lang. Hinter ihr befindet sich eine erneute Landzunge, erst dann eröffnet sich die große Pensacola Bay. Die besondere geologische Formation birgt ein Ökorefugium. Die Gulf Islands National Seashore schützt die einmalige Landschaft. Es umfasst insgesamt sieben Inseln und ein großes Marschgebiet. Die Fauna ist vielfältig: Eichenwälder bieten Vögeln Brutstätten und die Gopherschildkröte legt hier ihre Eier in große Erdhöhlen ab; ausgefallen ist die Floridaschildkröte mit ihrem rot gesprenkelten Rücken.

Links unten: Die Pensacola Bay ist ein bevorzugtes Reihergebiet. Auf Nahrungssuche nutzt der Vogel einen Trick und lässt Köder fallen, um seine Beute, die Fische, anzulocken. Angler lieben die Gewässer der Pensacola Bay gleichfalls wegen ihres Fischreichtums (links oben).

DESTIN

Filmruhm erreichte die Kleinstadt Destin mit dem Streifen »Die Truman Show«, viele der Szenen wurden hier gedreht. Sie zeigen die Küstensiedlung als Kleinstadtidylle – was sie trotz der Touristen bis heute geblieben ist. Destin nennt sich selbst »glücklichstes Fischerdorf der Welt«. Tatsächlich hat der Fischfang hier Tradition, sogar der Stadtname wurde von einem Fischer inspiriert: Captain Leonard Destin gilt als einer der Ersten, die sich in der Siedlung auf der langen, schmalen Landzunge niedergelassen haben. Berühmt ist das Örtchen für seine strahlend weißen Strände und die dahinter liegende Lagune. Hier schimmert das Wasser smaragdgrün und die Küste bietet wirkliche Traumstrände. Nur wenige Kilometer von der Stadt entfernt liegt die Eglin Air Force Base. Sie bildet als einer der größten Luftwaffenstützpunkte der Welt amerikanische Piloten aus.

Wenn der Wind über den einsamen Strand fegt, modelliert er künstlerische Formenspiele in den schneeweißen Sand. Im Hintergrund leuchtet das smaragdgrüne Meer – farbintensiver zeigt sich kaum eine Küste. Das glasklare Wasser bietet sich zum Schnorcheln an.

REGISTER

A
Acadia National Park 17, 18
Adirondack State Park 46
Alexandria 162
   - Living History Museum 163
American Football 56
Amicalola Falls 192
Amish People 111
Annapolis 128
Antietam National Battlefield 152
Appalachian Trail 24
Arlington National Cemetery 156
Armstrong, Neill 208
Art Déco 83, 226 ff.
Asheville 172
Atlanta 188
Atlantic City 108

B
Babcock State Park 164
Baltimore 124
   - Museen 126
   - Peabody Library 124
Baxter State Park 24
Biscayne National Park 234
Blue Ridge Mountains 160, 173
Blue Ridge Parkway 178
Boca Raton 214
Bodie Island 168
Bombay Hook National Wildlife Refuge 122
Boston 30
   - Beacon Hill 33
   - Downtown 30
   - Harbor 31
   - Old State House 32
   - Quincy Market 32
Bürgerkrieg 152, 180, 188

C
Camden 20, 22
Cape Canaveral 208
Cape Cod National Seashore Schutzgebiet 34
Cape Hatteras National Seashore 168
Cape Lookout National Seashore 169
Cape Romain National Wildlife Refuge 119, 186
Catskill Mountains 50
Charleston 182
   - Boone Hall Plantation 184
   - Magnolia Plantation and Gardens 184
   - Middleton Place 185
   - Mount Pleasant 184
Charlotte 170
Charlottesville 162

Chattahoochee-Oconee National Forest 192
Chesapeake Bay 128
Childs, David 70
Coca-Cola 190
Cocoa Beach 212
Columbia 180
Congaree National Park 187
Conneticut 36
Crystal River 251
Cumberland Island 199

D
Daytona Beach 206
De Niro, Robert 76
Delaware 120
Delaware Bay 122
Destin 253
Dover 120
Durham 166

E/F
Everglades National Park 232
Finger Lakes Area 44
Florida 204
Florida Keys National Marine Sanctuary 238
Fort Lauderdale 216
Fort Myers 245
Francis Marion National Forest 186
Franklin, Benjamin 30

G
George L. Smith State Park 192
Georgia 118, 188, 192, 198
Gettysburg National Battlefield 110
Goat Island 42
Grandfather Mountain 172
Great Smoky Mountains National Park 160, 173, 176
Guggenheim, Solomon R. 102

H
Harley-Davidson 206, 228
Hemingway, Ernest 204, 240, 242
Hudson River Valley 50
Hyannis 34

I
Indian Summer 26
Islamorada 237

J
Jacksonville 206
Jameston Island 163

Jefferson, Thomas 114, 146, 154, 162
Jekyll Island Park 199
Jersey City 54

K
Kennedy Space Center 208
   - Visitor Complex 210
Key Largo 236
Key West 240
King, Martin Luther Jr. 188

L
Lake Placid 48
Lincoln, Abraham 110, 146
Lobsters (Hummer) 22
Long Island 52
   - Huntington 52
   - Jones Beach 52
   - Shelter Island 52

M
Macon 195
Maine, Küste 20
Marshlands 196
Martha's Vineyard 35
Maryland 118, 128
Massachusetts 30, 34
Miami 218 ff.
   - Museen 224
   - Museum of Contemporary Art 225
   - Vizcaya Museum and Gardens 225
Miami Beach 226
   - Art Déco 230
   - Ocean Drive 228
Monticello 162
Mount Desert Island 18
Mount Washington 24
Mystic Seaport Freilichtmuseum 36

N
Nags Head 168
Nantucket 35
Naples 245
NASCAR-Rennstrecke 206
New England 16, 26, 40
New Hampshire 46
New Jersey 40, 55
New York 40, 46, 48, 50, 58 ff.
   - Broadway 80, 88
   - Bronx 56, 67
   - Brooklyn 56, 106
   - Brooklyn Bridge 66, 74, 106
   - Canal Street 76

REGISTER

- Central Park 104
- Chelsea 78
- Chinatown 76
- Chrysler Building 80, 84
- Ellis Island 54, 64
- Empire State Building 80, 82
- Fifth Avenue 56, 98
- General Electric Building 96
- Grand Central Station 84
- Lincoln Center for the Performing Arts 104
- Little Italy 76 ff.
- Manhattan 56 ff., 74, 78, 80, 104
- Manhattan Bridge 107
- Meatpacking District 78
- Metropolitan Museum of Art 100
- Metropolitan Opera House 104
- Midtown 80
- Museum of Modern Art 100
- National September 11 Memorial and Museum 72
- One World Trade Center (Freedom Tower) 70, 82
- Queens 56
- Rockefeller Center 96
- SoHo 77
- Solomon R. Guggenheim Museum 102
- South Street Seaport Historic District 66
- Staten Island 56
- Statue of Liberty 64
- Stock Market Exchange (NYSE) 68
- Times Square 80, 90 ff.
- TriBeCa 76
- United Nations Headquarters 86
- Wall Street 68

Newport 34
Niagara Falls 42
North Carolina 118, 166, 170
Northeast Kingdom 28

O

Obama, Barack 87
Obama, Michelle 100
Ocala National Forest: Silver Glen Springs 250
Ohiopyle State Park 110
Okefenokee National Wildlife Refuge 202
Olmsted, Frederic Law 104
Orlando 248
- Universal Studios 249
- Walt Disney World 248
Overseas Highway 236

P

Palm Beach 214
Pea Island 168
Pemberton, John 190
Penn, William 112, 120
Pennsylvania 40
Pensacola 252
Pensacola Bay 253
Pensylvania 112
Philadelphia 112
- Downtown und Old City 112
- Museen 116
- Orchestra 116
Pine Mountain 201
- Callaway Gardens 201
Pisgah National Forest 174
Pittsburgh 108
- Andy Warhol Museum 108
Poe, Edgar Allan 124
Potomac River: Great Falls 156
Providence State Park 200

R

Rainbow Bridge 42
Raleigh 166
Rhode Island 34
Richmond 154
Rockefeller, John D. 214
Rockefeller, John D. Jr. 96
Roebling, John August 74

S

Sapelo Island 198
Sarasota 244
Savannah 184
Shenandoah National Park 160, 178
Skyline Drive 160
Smith, John 16
South Carolina 118, 180
St. Augustine 207
St. Johns River 212
St. Petersburg 244
Sumter National Forest 178, 186

T

Tallahassee 252
Tampa 246
- Ybor City 247
Tampa Bay 246
Twain, Mark 38
Tybee Island 198

U

Unabhängigkeitserklärung 114, 138, 162
United States Naval Academy 128

V

Vanderbilt, Cornelius 34
Vanderbilt, George 173
Vaux, Calvert 104
Vermont 28, 46
Versace, Gianni 228
Virginia 118, 155

W

Wakulla Springs State Park 250
Washington, D.C. 40, 118, 130 ff.
- Chinatown 150
- Library of Congress 140
- National Air and Space Museum 143
- National Archives 138
- National Gallery of Art 142
- National Mall and Memorial Parks 144
- National Museum of American History 143
- National Museum of Natural History 142
- National Portrait Gallery 148
- Smithsonian American Art Museum 148
- Supreme Court 138
- United States Capitol 136
- White House 130, 136
Washington, George 20, 130, 148, 154, 158, 162
West Virginia 164
White Mountains National Forest 28
Wright, Frank Lloyd 102

BILDNACHWEIS/IMPRESSUM

A = Alamy
C = Corbis
G = Getty Images
L = Laif
M = Mauritius Images

Cover: C/Danny Lehman
S. 2/3 H. & D. Zielske, S. 4/5 G/Joe Sohm, S. 6/7 G/ Panoramic Images, S. 8/9 C/Arthur Morris, S. 10/11 G/Slow Images, S. 12/13 G/Rob Nunnington, S. 14/15 G/Jerry Driendl, S. 16/17 M/Alamy, S. 18/19 G/George H.H. Huey, S. 19 C/David McLain, S. 20/21 G/Slow Images, S. 21 G/Joseph Devenney, S. 21 C/Ron Dahlquist, S. 22 G/Panoramic Images, S. 22 M/Alamy, S. 22/23 M/Alamy, S. 22/23 M/Alamy, S. 23 M/Alamy, S. 24 C/Frank Burek, S. 24 G/Phil Schermeister, S. 24 G/Panoramic Images, S. 24/25 G/Denis Jr. Tangney, S. 24/25 C/Alan Copson, S. 26/27 G/Eastcott Momatiuk, S. 27 C/James Randklev, S. 28 G/Altrendo Panoramic, S. 28 C/Joseph Sohm, S. 28/29 G/Panoramic Images, S. 28/29 C/James Randklev, S. 30/31 G/Adam Jones, S. 31 G/Huntstock, S. 32/33 C/Jon Hicks, S. 32/33 M/Alamy, S. 33 M/Ernst Wrba, S. 34 C/Wolfgang Kaehler, S. 34 M/Alamy, S. 35 C/Guido Cozzi, S. 35 C/Franz-Marc Frei, S. 35 C/Franz-Marc Frei, S. 35 C/Nathan Benn, S. 35 C/Nathan Benn, S. 35 G/Jake Rajs, S. 36/37 G/Michael Melford, S. 37 M/Walter Bibikow, S. 38/39 M/Prisma, S. 39 M/Prisma, S. 39 M/Prisma, S. 39 M/Alamy, S. 40/41 G/Remon Rijper, S. 42/43 G/Tom Schwabel, S. 43 G/Juan Vte. Munoz, S. 44/45 G/Panoramic Images, S. 44/45 G/Panoramic Images, S. 45 G/Matt Champlin, S. 45 G/Shobeir Ansari, S. 45 G/Panoramic Images, S. 46/47 G/Michael Melford, S. 47 G/Michael Melford, S. 48/49 G/Panoramic Images, S. 48/49 G/Ryan McGinnis, S. 49 G/Bob Pool, S. 50/51 G/Jim Salvas, S. 50/51 C/Jonathan Blair, S. 52/53 C/Stefano Amantini, S. 52/53 C/Richard T. Nowitz, S. 53 G/Visuals Unlimited, S. 53 G/Vicki Jauron, S. 54/55 C/Ditto, S. 55 A/Oleg Moiseyenko, S. 56/57 G/Ronald Martinez, S. 57 G/Gregory Shamus, S. 57 G/George Gojkovich, S. 57 C/Steve Nesius, S. 57 C/Cliff Welch, S. 58/63 C/Adrian Wilson, S. 59–62 G/Steve Kelley, S. 63 G/Craig Hudson, S. 64 Look/age fotostock, S. 64 C/Alan Copson, S. 64 G/Comstock Images, S. 64 C/Joseph Sohm, S. 64/65 Look/age fotostock, S. 64/65 C/Bob Krist, S. 66/67 C/Rudy Sulgan, S. 67 Look/age fotostock, S. 67 Look/Elan Fleisher, S. 68/69 Look/travelstock44, S. 69 G/Panoramic Images, S. 70/71 G/Steve Kelley, S. 71 C/Cameron Davidson, S. 72/73 C/Travelstock44, S. 73 G/POOL, S. 73 G/POOL, S. 74/75 G/David Clapp, S. 75 C/otog, S. 76 C/Geo Rittenmeyer, S. 76 M/Alamy, S. 76 C/Bob Krist, S. 77 Look/travelstock44, S. 77 Look/SagaPhoto, S. 77 Look/age fotostock, S. 77 H. & D. Zielske, S. 78/79 H. & D. Zielske, S. 79 C/Bruce Damonte, S. 79 M/Alamy, S. 79 M/Alamy, S. 79 M/Alamy, S. 79 M/Alamy, S. 80/81 C/Jon Arnold, S. 81 G/Sascha Kilmer, S. 82/83 H. & D. Zielske, S. 83 Look/Rainer Martini, S. 83 M/Alamy, S. 84 Look/age fotostock, S. 84 G/Jorg Greuel, S. 85 G/Marilyn Nieves, S. 85 Look/age fotostock, S. 85 H. & D. Zielske, S. 86 G/Brooks Kraft, S. 87 G/zxvisual, S. 87 C/Mike Segar, S. 88/89 H. & D. Zielske, S. 89 G/Walter McBride, S. 89 G/Walter McBride, S. 90 H. & D. Zielske, S. 91–94 G/Murat Taner, S. 95 Look/age fotostock, S. 95 C/Murat Taner, S. 95 H. & D. Zielske, S. 95 H. & D. Zielske, S. 95 H. & D. Zielske, S. 96/97 Look/Rainer Martini, S. 97 G/Edoardo Garcia, S. 97 Look/Rainer Martini, S. 98 G/Franz Marc Frei, S. 98 C/Jon Hicks, S. 098 Look/Franz Marc Frei, S. 98/99 Look/age fotostock, S. 99 M/Alamy, S. 100 Look/age fotostock, S. 100 Look/Rainer Martini, S. 100 Look/Franz Marc Frei, S. 100/101 M/Alamy, S. 100/101 M/Alamy, S. 102/103 H. & D. Zielske, S. 103 Look/Konrad Wothe, S. 103 C/Christian Kober, S. 104 C/Michael Kai, S. 104 C/Massimo Borchi, S. 105 G/Jack Vartoogian, S. 105 C/Jon Hicks, S. 105 G/Timothy A. Clary, S. 106/107 H. & D. Zielske, S. 107 Look/travelstock44, S. 107 C/Massimo Borchi, S. 108/109 G/Driendl Group, S. 108/109 G/Jeremy Woodhouse, S. 109 M/Alamy, S. 109 M/Alamy, S. 109 C/Bob Krist, S. 110 G/Tetra Images, S. 110 G/Jeff Feverston, S. 110 G/Panoramic Images, S. 110 G/Dale, Greg, S. 111 G/John Kelly, S. 112/113 G/Vito Palmisano, S. 112/113 G/Allan Baxter, S. 114/115 G/Donald Nausbaum, S. 115 C/Tetra Images RF, S. 115 C/Bettmann, S. 115 C/Leif Skoogfors, S. 116 A/eStock Photo, S. 116 L/Richard Perryf, S. 116/117 A/Russell Kord, S. 116/117 M/Alamy, S. 117 C/Philadelphia Museum of Art, S. 118/119 G/Glenn Ross Images, S. 120/121 C/Richard Cummins, S. 121 M/Alamy, S. 122 C/Ruddy Turnstone, S. 122 G/George Grall, S. 122 G/George Grall, S. 122/123 C/Frans Lanting, S. 122/123 G/George Grall, S. 124/125 G/Jerry Driendl, S. 124/125 G/Greg Pease, S. 125 G/Walter Bibikow, S. 126/127 C/Kevin Fleming, S. 127 C/Richard Nowitz, S. 127 C/Richard Nowitz, S. 127 C/Richard Nowitz, S. 128 G/Greg Pease, S. 128 G/Greg Pease, S. 128 Look/age fotostock, S. 128 L/UPI, S. 128/129 G/Greg Pease, S. 128/129 C/Anna Clopet, S. 130/135 G/WOWstockfootage, S. 131–134 G/Sam Kittner, S. 135 C/Joseph Sohm, S. 136 C/Ron Sachs, S. 136 G/Jumper, S. 137 C/Brooks Kraft, S. 137 G/Peter Gridley, S. 138/139 C/Massimo Borchi, S. 138/139 C/Jose Fuste Raga, S. 140/141 C/John Grant, S. 141 G/Jurgen Vogt, S. 142 C/Richard T. Nowitz, S. 142 G/Greg Dale, S. 143 C/Richard T. Nowitz, S. 143 G/Panoramic Images, S. 144/145 G/Andrea Pistolesi, S. 145 G/Panoramic Images, S. 146 G/Visions of America, S. 146 G/Matthew T. Carroll, S. 147 G/Fred Hirschmann, S. 147 G/Joe Sohm, S. 148 C/Greg Dale, S. 148 C/Greg Dale, S. 149 C/Greg Dale, S. 149 M/Alamy, S. 150/151 C/Dan Chung, S. 151 M/Alamy, S. 152/153 G/Ed Freeman, S. 153 G/Panoramic Images, S. 154/155 G/Joseph Sohm, S. 155 G/Guy Crittenden, S. 156/157 C/John Henley, S. 156/157 C/John Henley, S. 158/159 G/SuperStock, S. 159 G/Cameron Davidson, S. 160 G/Dwight Nadig, S. 160 M/Prisma, S. 161 G/Greg Dale, S. 161 G/Tim Fitzharris, S. 162 M/Alamy, S. 162 G/Hisham Ibrahim, S. 163 C/Richard T. Nowitz, S. 163 G/Panoramic Images, S. 164/165 C/Ron Watts, S. 165 A/Visions of America, S. 166 G/Mlenny Photography, S. 166 G/Chris Townsend, S. 166 G/altrendo travel, S. 167 C/Paul Souders, S. 167 C/Chuck Savage, S. 168 M/Alamy, S. 168 G/David A. Harvey, S. 168/169 C/Ocean, S. 169 M/Alamy, S. 170/171 G/Jumper, S. 171 G/Murat Taner, S. 172/173 G/Cindy Robinson, S. 172/173 M/Alamy, S. 174/175 G/Panoramic Images, S. 175 C/Adam Jones, S. 176/177 C/Natural Selection Robert Cable, S. 177 G/Panoramic Images, S. 178/179 G/Panoramic Images, S. 178/179 G/Panoramic Images, S. 180/181 C/Richard Cummins, S. 181 G/Denis Jr. Tangney, S. 182/183 G/Duncan Maxwell, S. 183 G/Jake Wyman, S. 183 Look/Rob Tilley, S. 184 Look/age fotostock, S. 184 C/Fred Hirschmann, S. 185 G/Panoramic Images, S. 185 M/Alamy, S. 186 G/Corey Hilz, S. 186 G/James P. Blair, S. 186 C/Tony Arruza, S. 186/187 G/Raymond Gehman, S. 187 G/Altrendo Nature, S. 187 C/Tony Arruza, S. 188/189 Look/age fotostock, S. 189 C/Jeremy Woodhouse, S. 190/191 M/Alamy, S. 191 C/Richard Cummins, S. 191 G/Kevin Fleming, S. 192 G/James Randklev, S. 192/193 C/Danita Delimont, S. 193 M/Alamy, S. 194/195 G/Walter Bibikow, S. 195 C/Mark E. Gibson, S. 195 C/Kevin Fleming, S. 195 M/Alamy, S. 195 G/Bob Krist, S. 196/197 G/Taylor S. Kennedy, S. 197 G/Panoramic Images, S. 198 G/Danita Delimont, S. 198 G/Macduff Everton, S. 199 G/Altrendo Nature, S. 199 C/Raymond Gehman, S. 200 G/Darrell Gulin, S. 200/201 M/Alamy, S. 201 M/DanitaDelimont.com, S. 201 M/America / Alamy, S. 202/203 G/Farrell Grehan, S. 203 C/Ira Block, S. 203 C/Raymond Gehman, S. 203 G/Farrell Grehan, S. 203 G/Raymond Gehman, S. 203 G/Raymond Gehman, S. 204/205 Look/Elan Fleisher, S. 206 C/Martyn Goddard, S. 206/207 G/Panoramic Images, S. 207 Look/age fotostock, S. 208/209 C/Bill Ingalls, S. 209 C/Roger Ressmeyer, S. 210/211 Look/age fotostock, S. 211 M/Alamy, S. 212/213 G/fotoVoyager, S. 212/213 G/Panoramic Images, S. 214 L/Hemispheres/laif, S. 214 M/Alamy, S. 214/215 C/Guido Cozzi, S. 214/215 M/Alamy, S. 216/217 Look/age fotostocko, S. 217 G/Murat Taner, S. 218/223 C/Tim Kiusalaas, S. 219–222 G/Murat Taner, S. 223 C/Raimund Koch, S. 223 C/Raimund Koch, S. 224 L/Ludovic Maisant, S. 224 L/Michael F McElroy, S. 225 L/Modrow, S. 225 L/Jean-Baptiste Rabouan, S. 226/227 Look/Ingolf Pompe, S. 227 G/Mark Lewis, S. 227 Look/Ingolf Pompe, S. 227 G/roevin, S. 227 G/Angelo Cavalli, S. 227 M/Alamy, S. 227 G/hugh sitton photographer, S. 228/229 G/Panoramic Images, S. 228/229 G/Panoramic Images, S. 229 C/Tim Kiusalaas, S. 229 G/Siegfried Layda, S. 230 M/Alamy, S. 230 M/Alamy, S. 231 Look/age fotostock, S. 231 C/Randy Faris, S. 231 C/ Tony Arruza, S. 232 C/Panoramic Images, S. 232 G/Panoramic Images, S. 232 G/Panoramic Images, S. 233 G/Carl D. Walsh, S. 233 G/Raul Touzon, S. 233 C/Raymond Gehman, S. 233 M/Alamy, S. 233 M/Alamy, S. 234/235 M/Alamy, S. 235 G/Ian Shive, S. 235 M/Alamy, S. 236 C/Hiroyuki Matsumoto, S. 236 Look/The Travel Library, S. 236 M/Alamy, S. 237 Look/Rainer Martini, S. 237 G/Panoramic Images, S. 238/239 C/Stephen Frink, S. 239 C/Stephen Frink, S. 239 M/Alamy, S. 240 C/Blaine Harrington III, S. 240 G/Panoramic Images, S. 240/241 C/Onne van der Wal, S. 241 G/Vetta, S. 242 C/Hulton-Deutsch Collection, S. 242/243 C/Bettmann, S. 243 G/altrendo travel, S. 243 M/Alamy, S. 244 G/Panoramic Images, S. 244 G/Panoramic Images, S. 244 G/Coletti, S. 244 L/Christian Heeb, S. 245 G/Michele Westmorland, S. 245 Look/age fotostock, S. 245 Look/Franz Marc Frei, S. 245 A/philipus, S. 246 Look/age fotostock, S. 246/247 C/Arthur Morris, S. 247 Look/age fotostock, S. 248 C/Blaine Harrington III, S. 248/249 G/Jeremy Woodhouse, S. 249 C/Diane Cook & Len Jenshel, S. 250 M/Alamy, S. 250 M/Alamy, S. 250/251 L/Gerald Haenel, S. 251 C/Reinhard Dirscherl, S. 251 C/Jonathan Blair, S. 251 M/Alamy, S. 251 M/Alamy, S. 252 C/Richard T. Nowitz, S. 252 C/Nik Wheeler, S. 253 G/Jim McKinley, S. 253 G/Jim McKinley, S. 253 G/McKinley, S. 253 A/zeregay.

© 2014 Kunth Verlag GmbH & Co. KG, München
Königinstr. 11
80539 München
Tel. +49 89 45 80 20-0
Fax +49 89 45 80 20-21
www.kunth-verlag.de
info@kunth-verlag.de

Printed in Slovakia

Text: Anke Benstem, Anja Kauppert, Andrea Lammert, Dörte Saße

Alle Rechte vorbehalten. Reproduktionen, Speicherung in Datenverarbeitungsanlagen, Wiedergabe auf elektronischen, fotomechanischen oder ähnlichen Wegen nur mit der ausdrücklichen Genehmigung des Copyrightinhabers.

Alle Fakten wurden nach bestem Wissen und Gewissen mit der größtmöglichen Sorgfalt recherchiert. Redaktion und Verlag können jedoch für die absolute Richtigkeit und Vollständigkeit der Angaben keine Gewähr leisten. Der Verlag ist für alle Hinweise und Verbesserungsvorschläge jederzeit dankbar.